발 행 일	2024년 08월 09일(1판 1쇄)
I S B N	979-11-92695-00-6(13000)
정 가	12,000원

기 획	컴벤져스
집 필	김민정, 김민화
진 행	나은철
본문디자인	디자인앨리스

발 행 처	㈜아카데미소프트
발 행 인	유성천
주 소	경기도 파주시 정문로 588번길 24
홈 페 이 지	www.aso.co.kr / www.asotup.co.kr

※ 이 책은 저작권법에 따라 보호를 받는 저작물이므로 무단 전재와 무단 복제를 금지하며, 이 책 내용의 전부 또는 일부를 이용하려면 반드시 ㈜아카데미소프트의 서면동의를 받아야 합니다.

한쇼 2022 프로그램 실행 및 화면 구성 알아보기

■ 한쇼란 무엇일까요?

한글과 컴퓨터의 오피스 제품 중 프레젠테이션(Presentation)을 목적으로 개발된 소프트웨어이지만 아주 많은 사람이 다양한 목적으로 사용하고 있습니다.

특히, 학생들은 친구들 앞에서 발표할 때 사용하기도 하고 선생님들은 수업에 필요한 자료를 더 잘 알려주기 위해 사용하기도 합니다. 흰 멀티 스케치북 같아서 내가 원하는 모든 내용을 그림, 동영상, 텍스트 등 다양한 방식으로 나타낼 수 있는 전달의 수단으로도 사용됩니다.

■ 한쇼 2022의 구성

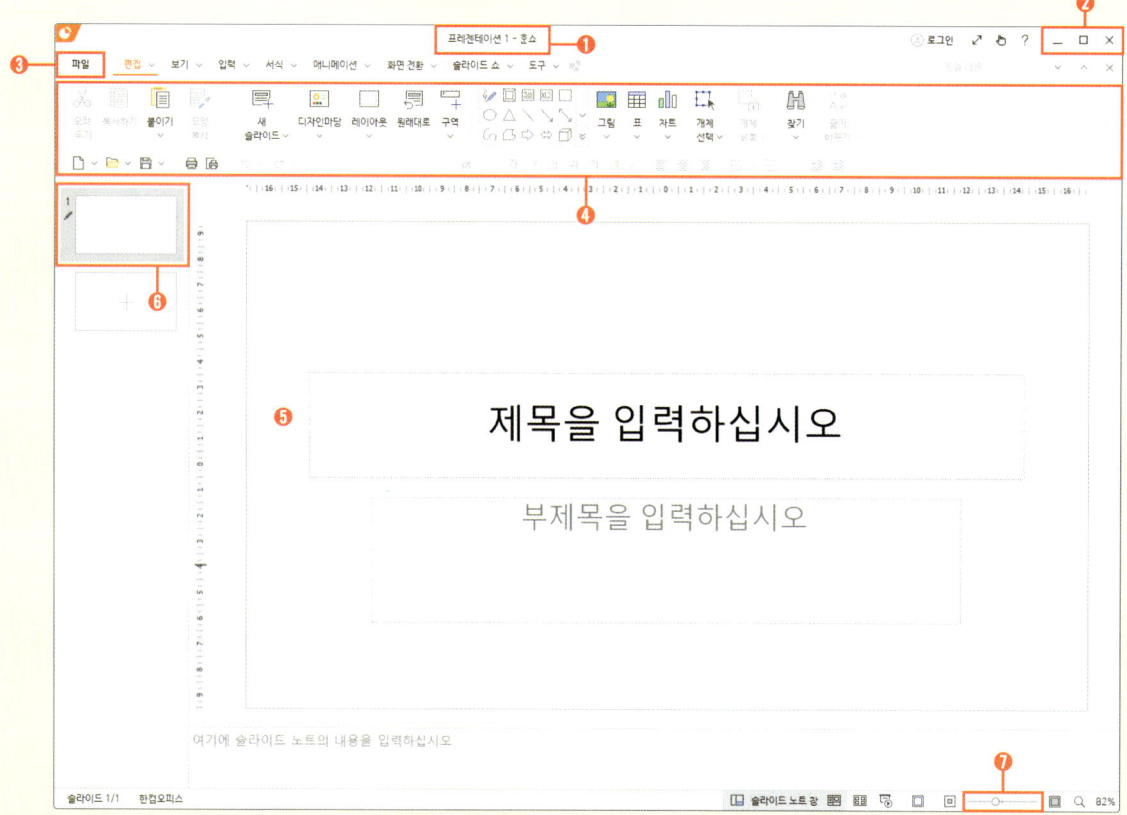

❶ **제목표시줄** : 작업 중인 문서의 파일명을 나타냅니다.

❷ **최소화/최대화/종료 버튼** : 작업 창 조절에 필요한 단추입니다.

❸ **[파일]** : 새 문서, 불러오기, 저장하기, 인쇄 등이 기본명령이 담겨있습니다.

❹ **기본 도구 상자** : 문서를 작성하는데 필요한 중요한 기능들이 담긴 메뉴 줄입니다. 탭을 선택하여 도구를 선택할 수 있습니다.

❺ **슬라이드 창** : 슬라이드에서 작업하는 공간입니다.

❻ **슬라이드 보기** : 모든 슬라이드를 미리 보기로 보여줍니다.

❼ **창 맞춤, 확대/축소** : 작업하는 슬라이드의 크기를 설정할 수 있습니다.

한쇼 2022 꿈트리 2

이런 내용으로 구성되어 있어요!

■ 완성작품 미리보기

각 장별로 스토리를 소개하고 완성 작품을 미리 확인할 수 있어요.

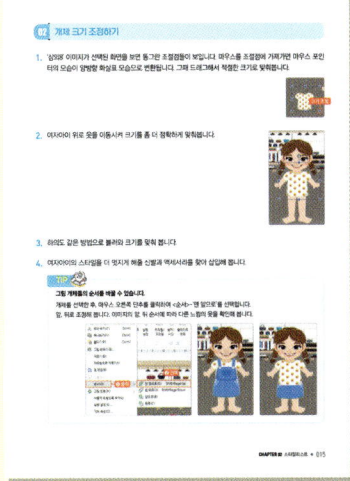

■ 본문 따라하기

한쇼 2021의 여러 가지 기능들을 체계적으로 학습할 수 있도록 구성되어 있어요.

■ 연습문제

앞에서 배운 내용을 다시 한 번 복습할 수 있도록 연습문제를 제공합니다. 그리고 중간평가와 종합평가로 배운 내용을 점검할 수 있도록 구성되어 있어요.

CONTENTS

CHAPTER 01 컴퓨터 선생님 — 006

CHAPTER 02 스타일리스트 — 012

CHAPTER 03 웹툰 작가 — 018

CHAPTER 04 쇼핑 호스트 — 024

CHAPTER 05 로봇 공학자 — 030

CHAPTER 06 파티시에 — 040

CHAPTER 07 네일 아티스트 — 048

CHAPTER 08 사이버 범죄 수사관 — 054

CHAPTER 09 약사 — 060

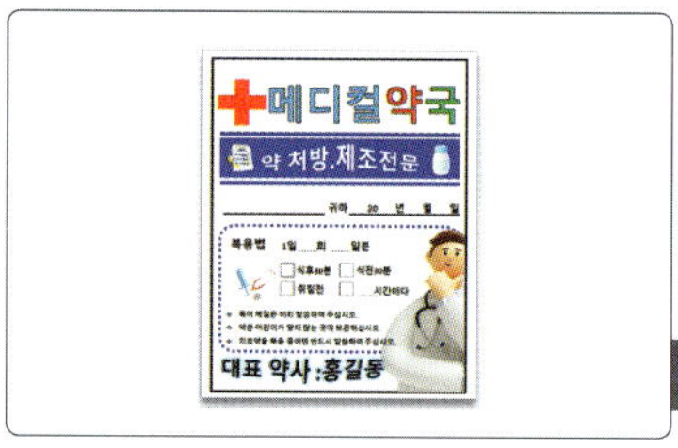

CHAPTER 10 기자 — 068

CHAPTER 11 사진작가 — 074

CHAPTER 12 크리에이터 — 082

중간 평가 — 090

CHAPTER 01 컴퓨터 선생님

• 불러올 파일 : 컴퓨터 선생님.show • 완성된 파일 : 컴퓨터 선생님(완성).show

학습목표

- 한쇼 2022를 실행하여 파일을 열어 봅니다.
- 작업 할 슬라이드를 선택하여 글자를 입력해 봅니다.
- 파일을 저장해 봅니다.

오늘 배울 기능 : 한쇼 2022 시작, 열기, 저장하기

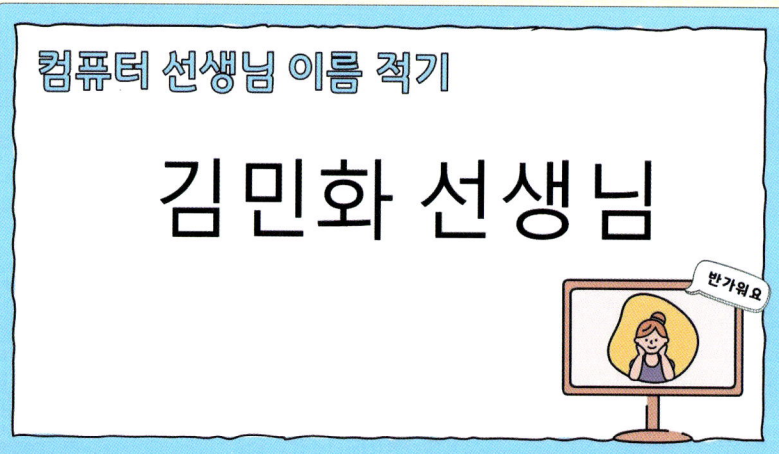

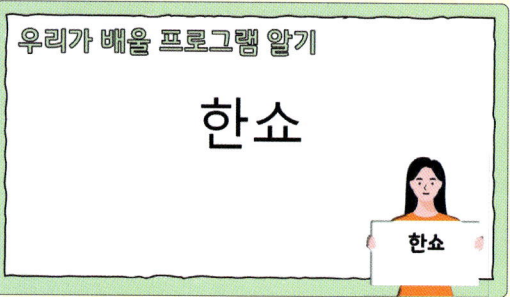

직업소개

컴퓨터 선생님

컴퓨터 선생님은 우리가 컴퓨터를 잘 다룰 수 있도록 친절히 가르쳐 주시는 분입니다. 다양한 프로그램을 능숙하게 다룰 수 있는 컴퓨터 교육 전문가입니다. 주로 컴퓨터 교육이 필요한 학생들을 위한 IT 교육 콘텐츠를 연구하고 수업을 합니다.

01 한쇼 실행하기

1. [한쇼]를 실행한 후, [내 컴퓨터에서 불러오기]를 클릭합니다.

2. [불러오기] 대화상자에서 [불러올 파일]-[CHAPTER 01]-'컴퓨터 선생님.show'를 선택한 후, <열기> 단추를 클릭합니다.

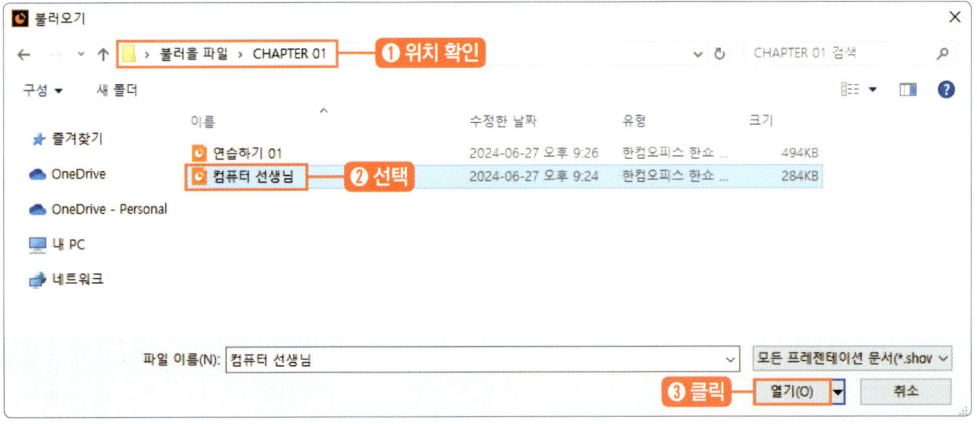

3. 다음 그림과 같이 '컴퓨터 선생님.show' 파일이 열립니다.

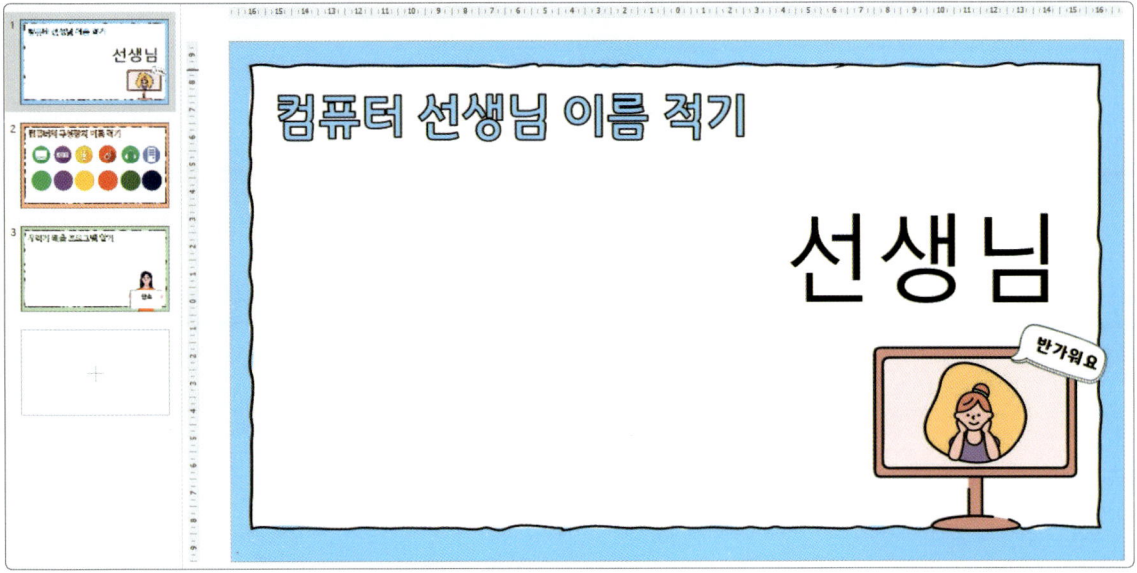

02 글자 입력하기

1. 선생님 글자 앞을 클릭하면 마우스 커서가 나타납니다. 우리 컴퓨터 선생님의 이름을 적어 봅니다.

2. 선생님 이름을 드래그하고 서식 도구에서 글자 색을 '노랑'으로 변경해 봅니다.

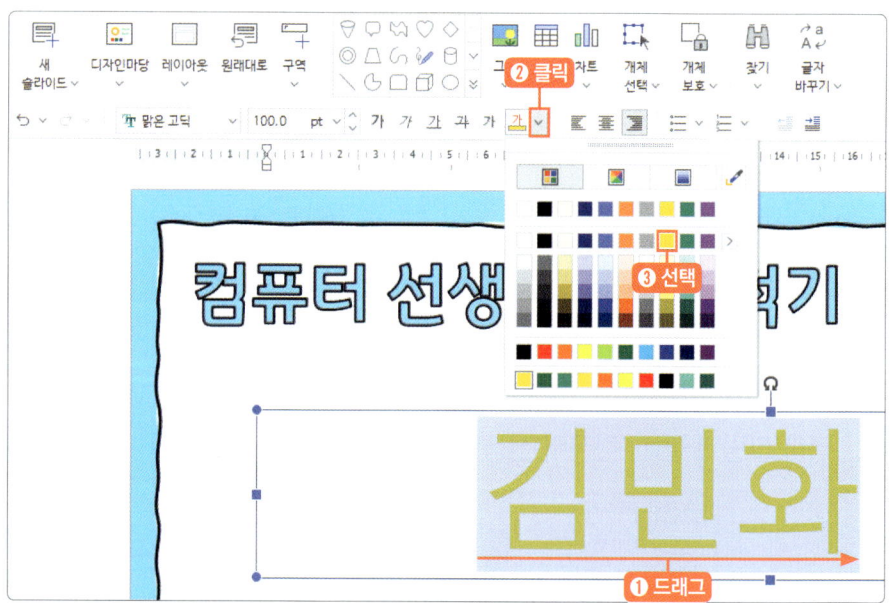

글자를 잘못 입력했을 때 Back space 키로 커서 앞 글자를 지울 수 있고, Delete 키로 커서의 뒷글자를 지울 수 있습니다.

3. 두 번째 슬라이드를 선택한 후, 컴퓨터의 구성 장치를 입력 하기 위해 아래 도형을 클릭합니다. 이어서, 정확한 명칭을 입력해 봅니다.

4. 세 번째 슬라이드를 마우스로 선택하고 우리가 배울 프로그램을 입력합니다.

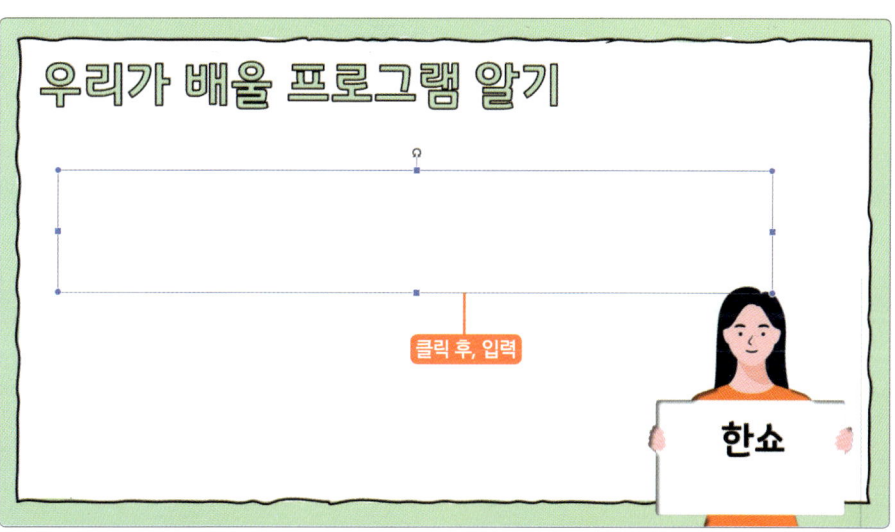

03 파일 저장하기

1. [파일]-[다른 이름으로 저장하기]를 선택합니다.

2. [다른 이름으로 저장하기] 대화상자가 나오면 본인의 폴더를 선택한 후, 파일 이름을 '컴퓨터 선생님(완성)'을 입력합니다. 이어서, <저장> 단추를 클릭합니다.

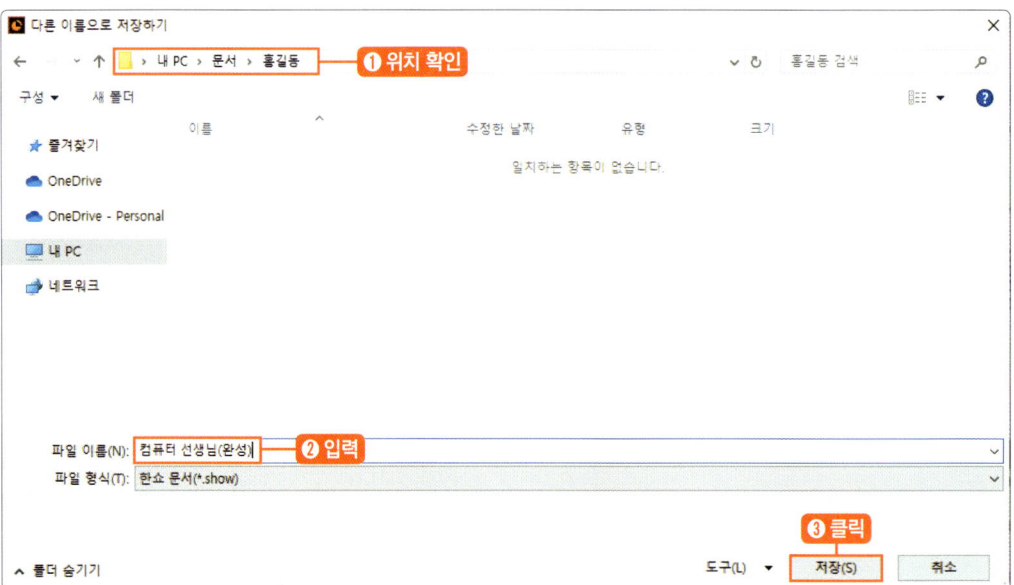

처음 작성한 파일을 <종료> 단추를 눌러 저장하기의 대화상자가 나오도록 하거나 바로 [저장하기]를 선택하여 저장하면 파일이 어디에 저장되는지 저장 위치를 우리가 알 수 없습니다. [다른 이름으로 저장하기]를 하면 원하는 저장 위치를 정확하게 지정하여 안전하게 저장할 수 있습니다.

CHAPTER 01 연습문제

문제 01 ●불러올 파일 : 연습하기 01.show ●완성된 파일 : 1장 연습하기 01(완성).show

컴퓨터 선생님에게 나를 소개해 주세요.

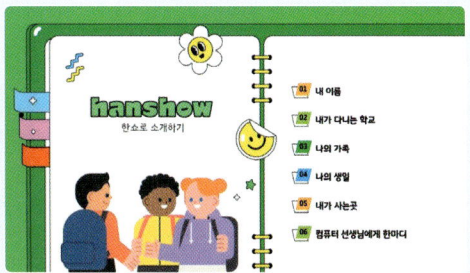
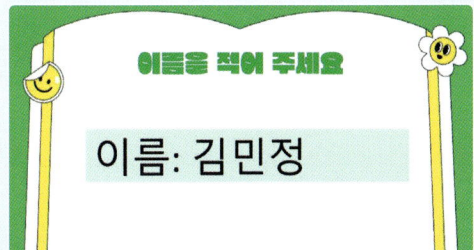
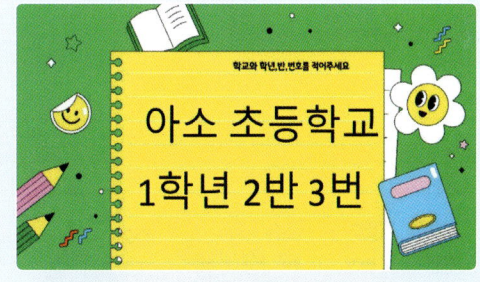
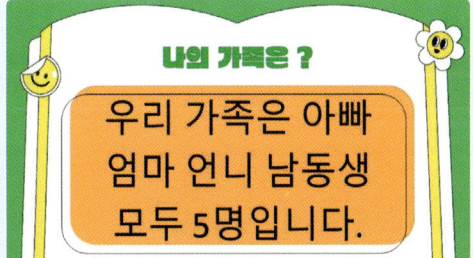
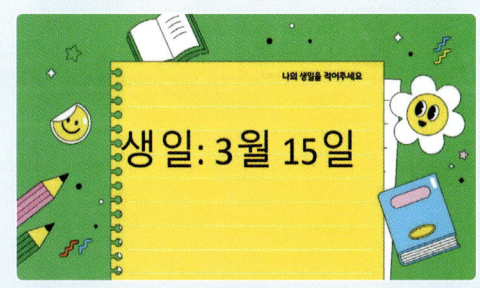
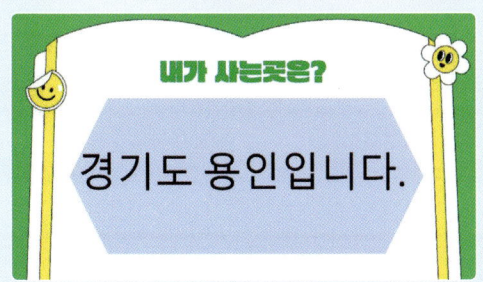
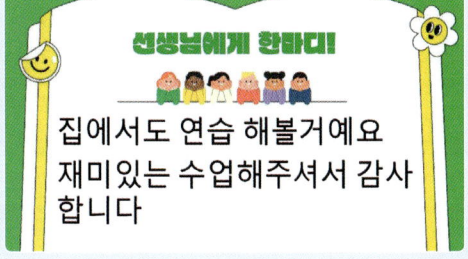

스타일리스트

● 불러올 파일 : 스타일리스트.show   ● 완성된 파일 : 스타일리스트(완성).show

학습목표

- 그림을 삽입할 수 있습니다.
- 그림의 크기를 조정할 수 있습니다.

오늘 배울 기능 : 그림 불러오기, 그림 개체 크기 조정

직업소개

스타일리스트

스타일리스트는 멋을 내는 데 도움을 주는 직업으로 어떤 상황과 장소에 따라, 혹은 그 사람의 체형이나 외모를 더욱 빛내줄 스타일을 찾아 소품이나 의상, 헤어, 액세서리 등을 매치하여 전체적으로 아름답게 연출하는 일을 합니다.

01 그림을 불러오기

1. [파일]-[불러오기]를 클릭합니다. 이어서, [불러올 파일]-[CHAPTER 02]-'스타일리스트.show'를 선택한 후, <열기> 단추를 클릭하여 파일을 불러옵니다.

2. 다음 그림과 같은 파일이 열립니다.

3. 여자아이의 옷 선택을 위해 [입력] 탭-[그림]-'그림'을 선택합니다.

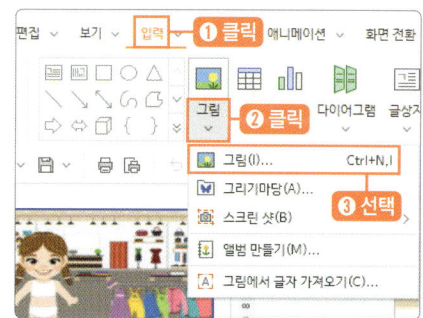

4. [그림 넣기] 대화상자가 나오면 [불러올 파일]-[CHAPTER 02]-[옷과 소품들] 폴더를 더블 클릭합니다.

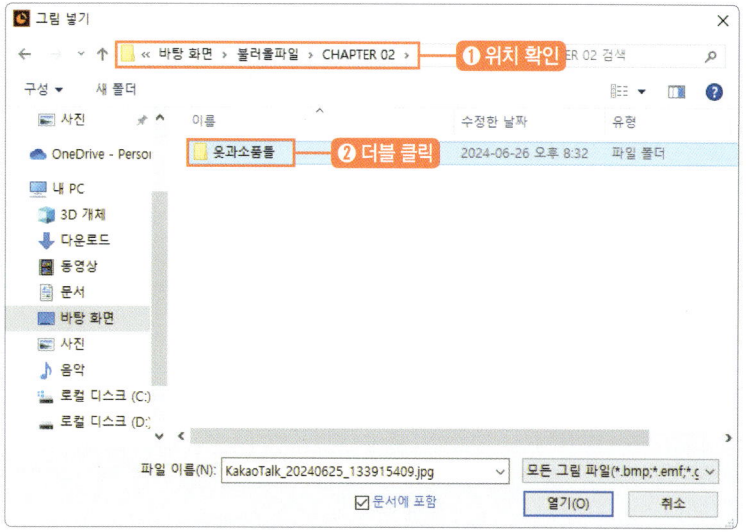

5. [옷과 소품들] 폴더에 105개의 파일을 확인합니다.

오른쪽 그림처럼 이미지가 보이지 않고 글자만 보여서 답답한가요?

[보기 옵션]-[큰 아이콘]을 클릭하면 큰 이미지로 보입니다.

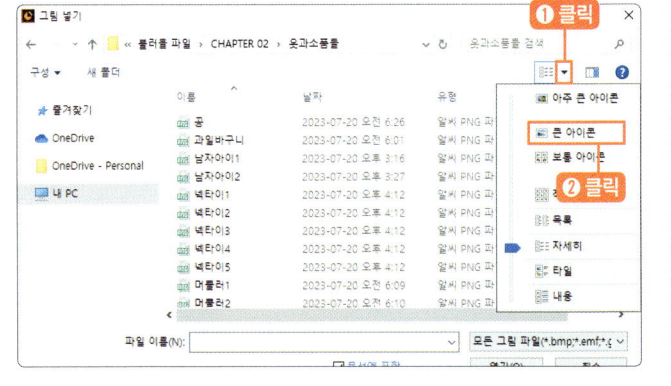

6. '상의8.png'를 선택하고 <열기> 단추를 클릭합니다.

7. 슬라이드 작업 창에 선택한 '상의8' 이미지가 삽입된 것을 확인할 수 있습니다.

02 개체 크기 조정하기

1. '상의8' 이미지가 선택된 화면을 보면 동그란 조절점들이 보입니다. 마우스를 조절점에 가져가면 마우스 포인터의 모습이 양방향 화살표 모습으로 변환됩니다. 그때 드래그해서 적절한 크기로 맞춰봅니다.

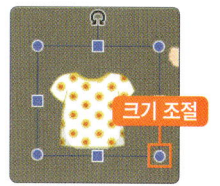

2. 여자아이 위로 옷을 이동시켜 크기를 좀 더 정확하게 맞춰봅니다.

3. 하의도 같은 방법으로 불러와 크기를 맞춰 봅니다.

4. 여자아이의 스타일을 더 멋지게 해줄 신발과 액세서리를 찾아 삽입해 봅니다.

그림 개체들의 순서를 바꿀 수 있습니다.

개체를 선택한 후, 마우스 오른쪽 단추를 클릭하여 <순서>-'맨 앞으로'를 선택합니다.
앞, 뒤로 조정해 봅니다. 이미지의 앞, 뒤 순서에 따라 다른 느낌의 옷을 확인해 봅니다.

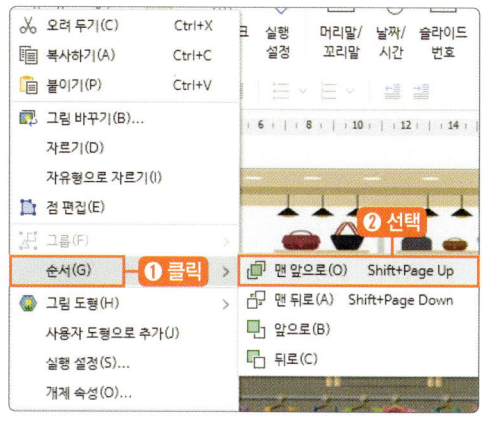  

5. 귀여운 스타일링이 마음에 드나요?
   [파일]-[다른 이름으로 저장하기]를 클릭합니다.

6. [다른 이름으로 저장하기] 대화상자가 나오면 본인의 폴더를 선택한 후, 파일 이름을 '스타일리스트(완성)'으로 입력합니다. 이어서, <저장> 단추를 클릭합니다.

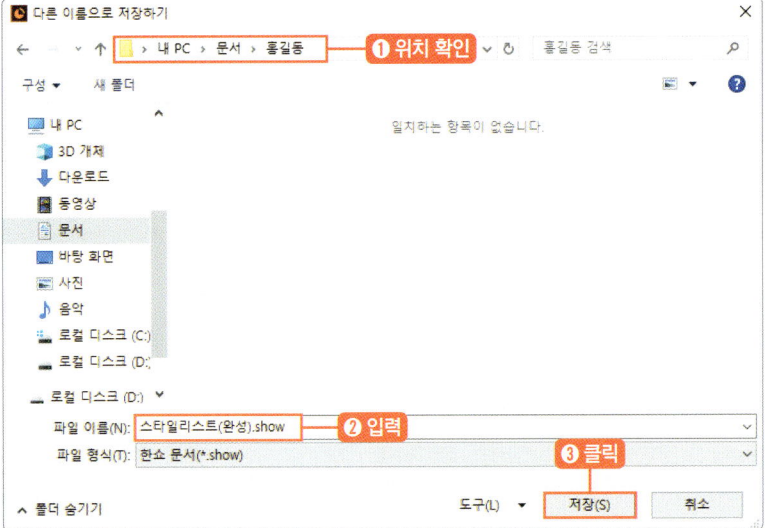

CHAPTER 02 연습문제

문제 01 ● 불러올 파일 : 연습하기 01.show ● 완성된 파일 : 2장 연습하기 01(완성).show

화창한 날씨! 주말이 되어 친구들과 놀이공원으로 놀러 가기로 했습니다.
멋진 스타일링을 시작해 봅니다.

문제 02 ● 불러올 파일 : 연습하기 02.show ● 완성된 파일 : 2장 연습하기 02(완성).show

남, 여 캐릭터 중 2명을 선택해 삽입해 줍니다. 똑같은 듯 다른 우리는 커플룩!
센스있는 커플룩을 완성해 봅니다.

웹툰 작가

● 불러올 파일 : 웹툰 작가.show   ● 완성된 파일 : 웹툰 작가(완성).show

학습목표

- 그리기마당의 클립아트를 이용하여 이미지를 삽입할 수 있습니다.
- 그림 기능을 활용하여 이미지를 삽입할 수 있습니다.

오늘 배울 기능 : **글상자, 그림 삽입, 그리기마당**

완성작품 미리보기

직업소개

웹툰 작가

웹툰이란 '웹(web)'과 '카툰(cartoon·만화)'을 합성한 말로 인터넷에서 연재하는 만화를 뜻합니다. 웹툰 작가는 웹툰을 그리는 만화가입니다. 연재하고자 하는 만화의 소재를 찾고 스토리를 만들어 태블릿이나 컴퓨터 프로그램을 활용하여 그림을 그립니다. 모든 작업이 끝나면 웹툰 플랫폼에 제공하여 많은 사람들이 볼 수 있도록 합니다.

그리기마당에서 그림 삽입하기

1. [파일]-[불러오기]를 클릭합니다. 이어서, [불러올 파일]-[CHAPTER 03]-'웹툰 작가.show'를 선택한 후, <열기> 단추를 클릭하여 파일을 불러옵니다.

2. 다음 그림과 같은 파일이 열립니다.

3. [입력] 탭-[그림]-[그리기마당]을 선택합니다.

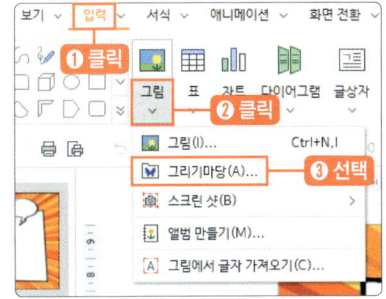

4. [그리기마당] 대화상자가 나오면 <클립 아트 다운로드> 단추를 클릭합니다.

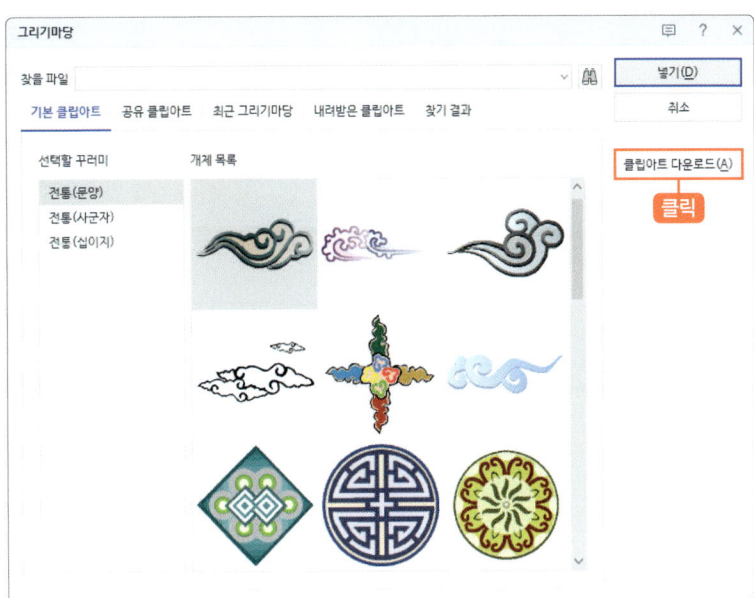

5. [한컴 애셋] 대화상자가 열리면 다음과 같이 다운로드 이미지가 보입니다.

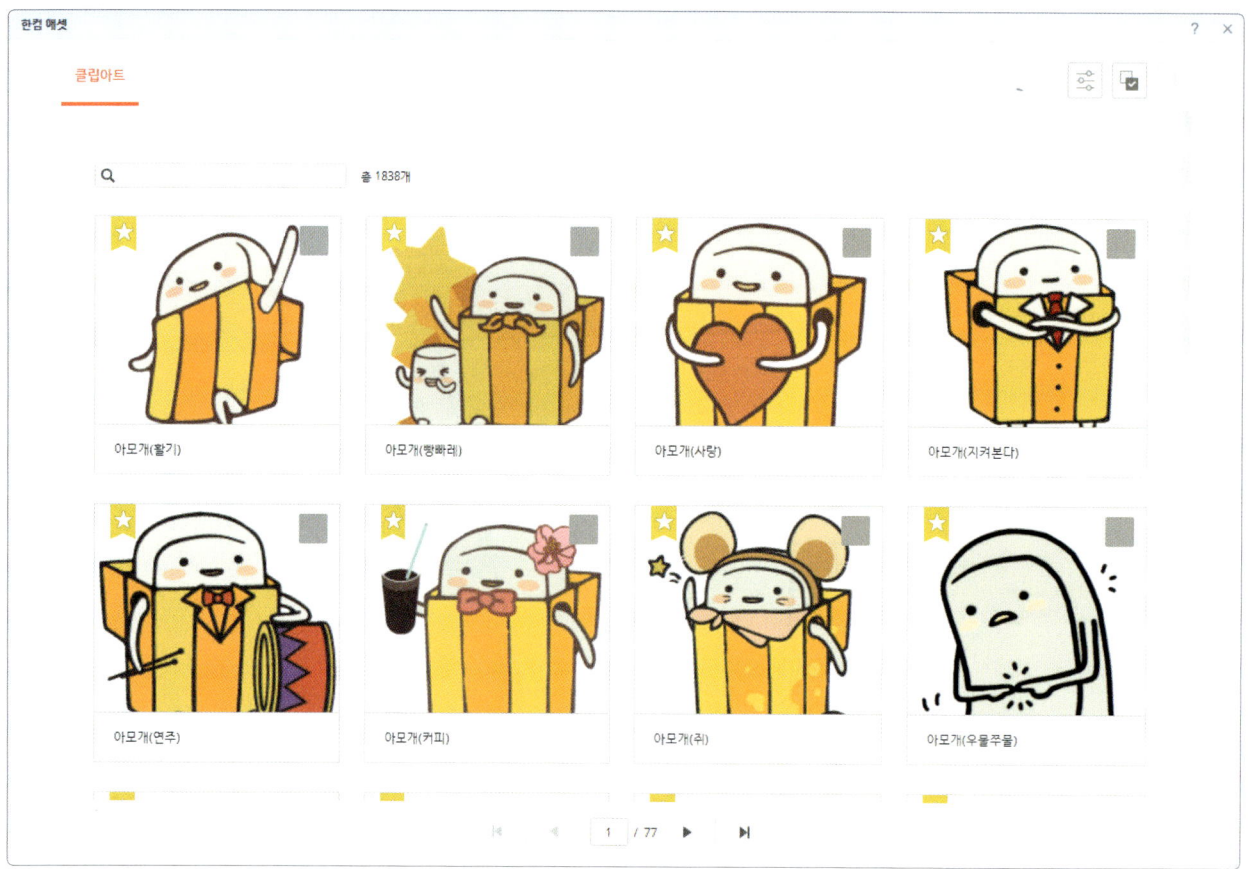

TIP

오른쪽 상단에 있는 필터 단추를 클릭하고 '캐릭터'를 선택하여 분류합니다.

6. 2번 페이지의 '야야(신남)' 캐릭터의 오른쪽 상단 체크박스를 클릭한 다음 <내려받기> 단추를 클릭하여 다운로드를 합니다. 이어서, '내려받기가 완료되었습니다.' 대화상자가 나오면 <확인> 단추를 클릭합니다.

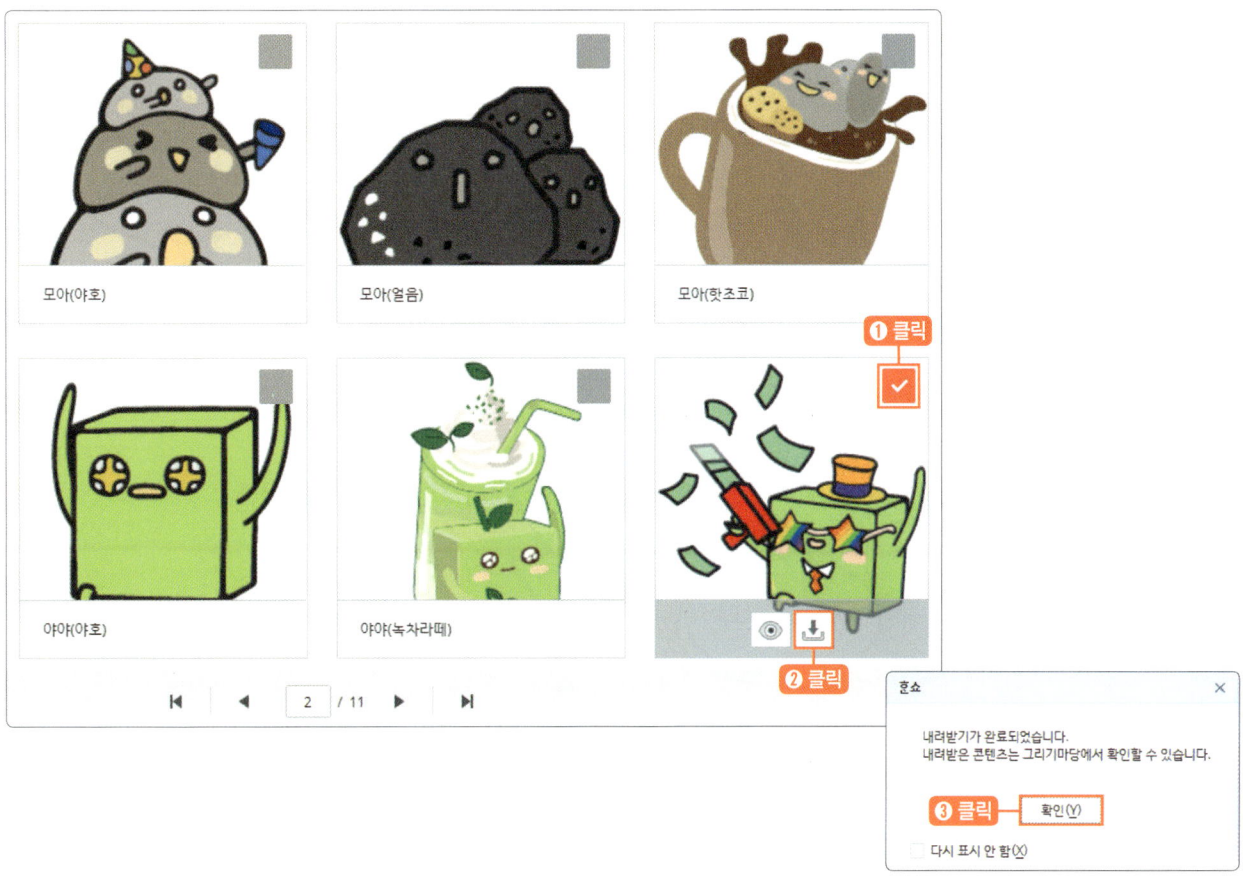

7. [그리기마당]-[내려받은 클립아트]에서 다운로드 받은 클립아트 이미지를 선택하고 <넣기> 단추를 클릭합니다. 이어서, 드래그하여 이미지를 삽입하고 이미지의 크기와 위치를 조절합니다.

02 글자 입력하기

1. 말풍선 이미지를 클릭하면 글상자가 선택됩니다. 글상자에 내용을 입력합니다.

2. 같은 방법으로 원하는 클립아트를 검색하여 이미지를 삽입하고 글상자에 내용을 입력합니다.

3. [파일]-[다른 이름으로 저장하기]를 클릭하고 본인의 폴더를 선택한 후, 파일 이름을 '웹툰 작가(완성)'을 입력합니다. 이어서, <저장> 단추를 클릭합니다.

CHAPTER 03 연습문제

문제 01   ● 불러올 파일 : 연습하기 01.show   ● 완성된 파일 : 3장 연습하기 01(완성).show

나의 감정을 나타낼 때 글 대신 이모티콘을 사용하기도 합니다. 그리기마당에서 기분 이모티콘을 넣어주고 알맞은 내용을 입력해 봅니다.

문제 02   ● 불러올 파일 : 연습하기 02.show   ● 완성된 파일 : 3장 연습하기 02(완성).show

멋진 바닷속 풍경을 만들어 봅니다.

TIP
클립아트 다운로드에서 분류를 '동물'로 선택합니다.

CHAPTER 04 쇼핑 호스트

● 불러올 파일 : 쇼핑 호스트.show   ● 완성된 파일 : 쇼핑 호스트(완성).show

학습목표

- 그림의 색을 변형할 수 있습니다.
- 그림을 복사할 수 있습니다.

오늘 배울 기능 : 색 변형하여 다시 칠하기, 그림 복사하기

완성작품 미리보기

직업 소개

쇼핑 호스트

쇼핑 호스트는 홈쇼핑과 같은 방송으로 상품을 알려주고 판매를 하는 프로그램 진행자입니다. 소비자들이 직접 상품을 만져보고 확인할 수 없기에 쇼핑 호스트가 상세하게 상품의 정보를 쏙쏙 알려주며 판매를 유도합니다. 소비자 대신 상품을 써보고 정확한 정보를 전달해 주어야 하며 유창한 말솜씨로 많은 판매가 되도록 노력해야 합니다.

01 그림 삽입하기

1. [파일]-[불러오기]를 클릭합니다. 이어서, [불러올 파일]-[CHAPTER 04]-'쇼핑 호스트.show'를 선택한 후, <열기> 단추를 클릭하여 파일을 불러옵니다.

2. 다음 그림과 같은 파일이 열립니다.

3. 쇼핑 호스트가 가방을 판매할 수 있도록 가방을 배치하기 위해 [입력] 탭-[그림]에서 [그림]을 선택합니다.

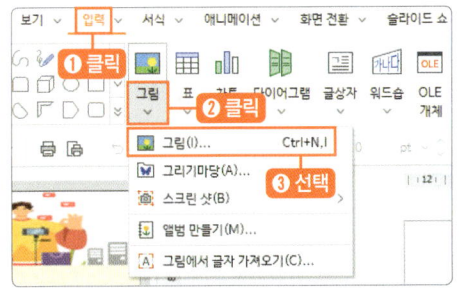

4. [그림 넣기] 대화상자가 나오면 [CHAPTER 04]-[불러올 그림] 폴더를 클릭합니다. 이어서, '가방.png'를 선택하고 <열기> 단추를 클릭합니다.

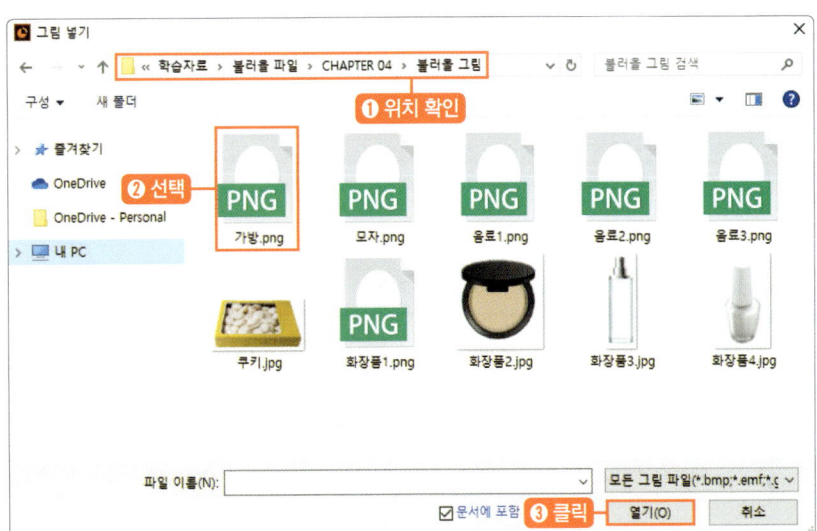

5. 작업 중인 슬라이드에 선택한 그림 이미지가 삽입된 것을 확인하고 조절점을 이용하여 알맞게 크기를 조절한 후, 위치를 옮겨 줍니다.

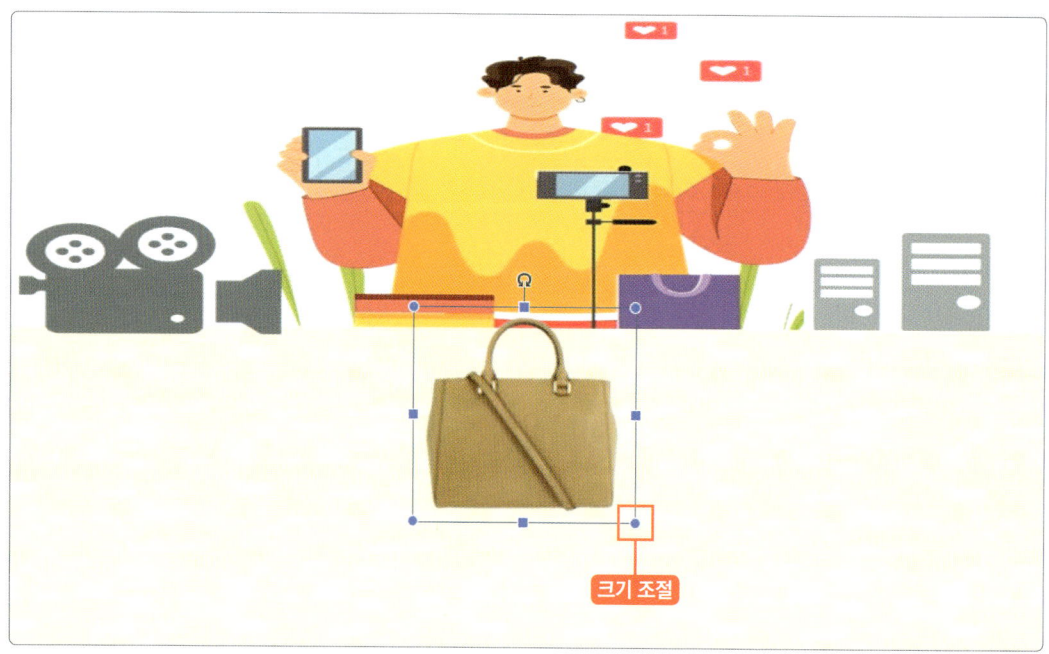

02 복사하기

1. 그림을 복사하기 위해 마우스 포인터를 가방 그림 위에 올려놓습니다.

2. Ctrl 키를 누른 상태로 옆으로 드래그 앤드 드롭(drag & drop)을 해봅니다.

3. 가방 그림이 복사된 것을 확인할 수 있습니다.

4. 가방 그림을 3개 복사합니다.

03 그림 색 다시 칠하기

1. 두 번째 가방을 선택한 후, [그림] 탭-[색]-[다른 색조]를 선택합니다.

2. [다른 색조]에서 '하늘색'을 선택합니다.

3. 나머지 가방 그림도 같은 방법으로 색을 변경 시켜줍니다.

TIP

내가 원하는 색을 직접 설정하여 사용할 수 있습니다.

[색]-[다른 색조]를 선택하면 '테마 색', '팔레트', '스펙트럼'이 나타납니다. 본인이 원하는 색을 직접 클릭하여 선택할 수 있습니다.

4. 같은 방법으로 모자 그림을 삽입한 후, 3개 더 복사합니다.

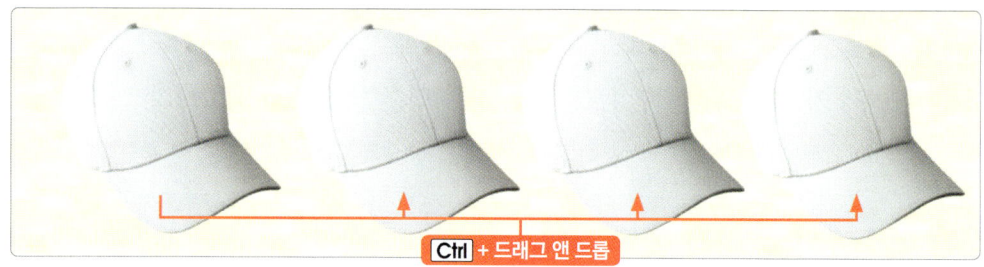

5. [그림] 탭-[색]-[다른 색조]에서 모자의 색을 다시 칠해 줍니다.

6. 판매를 위한 물건 진열이 끝났나요?
   [파일]-[다른 이름으로 저장하기]를 선택하여 본인의 폴더를 선택한 후, 파일 이름을 '쇼핑 호스트(완성)'으로 입력합니다. 이어서, <저장> 단추를 클릭합니다.

CHAPTER 04 연습문제

문제 01 ●불러올 파일 : 연습하기 01.show   ●완성된 파일 : 4장 연습하기 01(완성).show

화장품과 관련된 물품을 판매하는 날입니다. 쇼핑 호스트가 많이 판매할 수 있도록 물건을 잘 진열해 봅니다.

문제 02 ●불러올 파일 : 연습하기 02.show   ●완성된 파일 : 4장 연습하기 02(완성).show

마트에 다양한 물건들을 진열해 봅니다.

로봇 공학자

● 불러올 파일 : 로봇 공학자.show   ● 완성된 파일 : 로봇 공학자(완성).show

- 도형을 삽입하고 서식을 변경할 수 있습니다.
- 도형들을 그룹으로 묶을 수 있습니다.

오늘 배울 기능 : 도형 삽입하기, 도형 서식 변경하기, 도형 개체들 그룹으로 묶기

완성작품 미리보기

직업 소개

로봇 공학자

로봇을 설계하여 연구하고 개발하는 사람입니다. 많은 분야에서 사람들이 할 수 있는 일을 대신에 할 로봇을 개발, 운용, 정비, 수리하며 인공지능, 센서, 하드웨어, 소프트웨어를 제작합니다. 우리의 일상을 더욱 편리하게 해주는 서빙, 청소 로봇부터 사람이 갈 수 없는 우주를 탐사하거나 재난 지역의 인명 구조, 정밀함이 필요한 의료 현장까지 다양하게 발전되고 있습니다. 로봇 공학자는 앞으로 더욱 유망 받는 직업입니다.

01 도형 삽입하기

1. [파일]-[불러오기]를 클릭합니다. 이어서, [불러올 파일]-[CHAPTER 05]-'로봇 공학자.show'를 선택한 후, <열기> 단추를 클릭하여 파일을 불러옵니다.

2. 아래 그림과 같은 파일이 열립니다.

3. 로봇을 만들어볼까요? 도형을 삽입하기 위해 [입력] 탭-[도형]-[자세히] 단추를 클릭합니다.

4. [자세히]-'모서리가 둥근 직사각형' 도형을 선택합니다.

5. 마우스 포인터 모양이 '+'로 변합니다. 적당한 위치에서 드래그하여 도형을 삽입합니다.

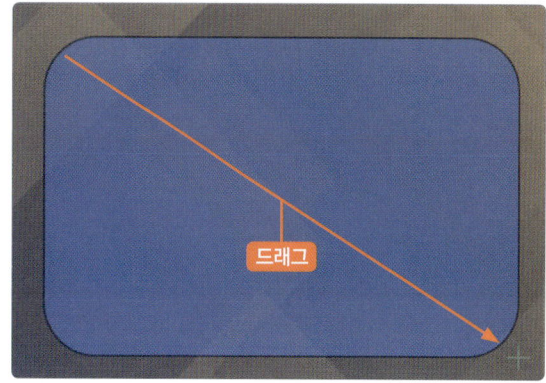

02 도형 서식 변경하기

1. '모서리가 둥근 직사각형' 도형을 다음 그림처럼 적당한 크기로 조절합니다.

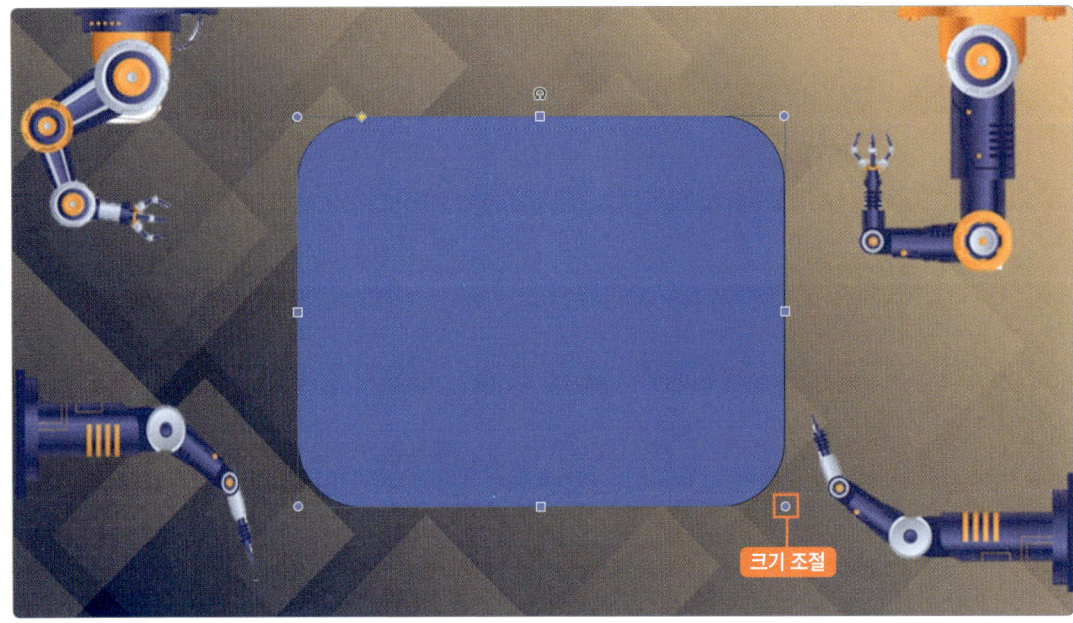

2. 도형의 색을 변경하기 위해 [도형] 탭-[도형 채우기]-'강조 4 노랑'을 선택합니다.

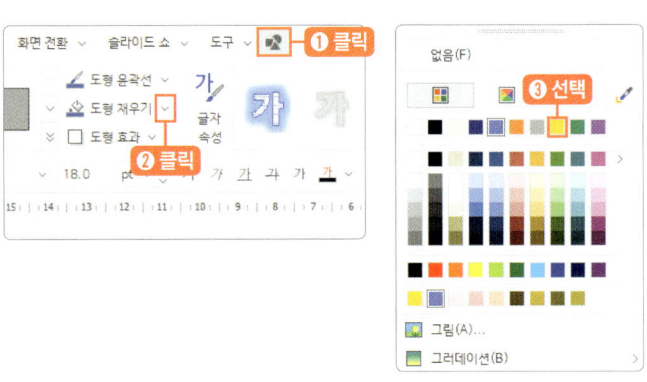

3. 도형에 입체 효과를 주기 위해 [도형] 탭-[도형 효과]-[3차원 효과]를 클릭합니다. 이어서, 3차원 효과 중 '각지게'를 선택합니다.

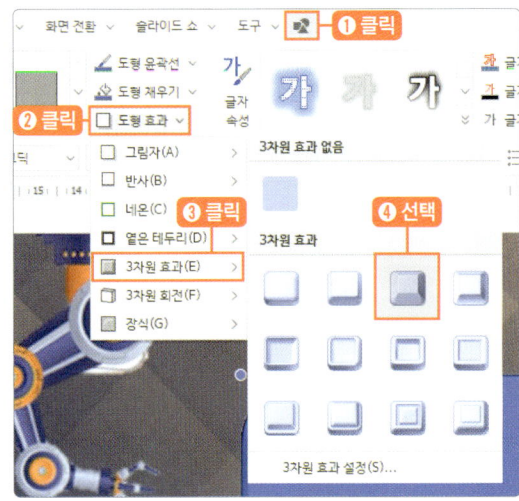

4. 도형의 윤곽선을 없애주기 위해 [도형] 탭-[도형 윤곽선]-'없음'을 선택합니다.

5. 로봇의 눈을 만들기 위해 [도형]-[자세히]-'타원'을 선택한 다음 [도형] 탭-[도형 효과]-3차원 효과]-'둥글게'를 선택합니다.

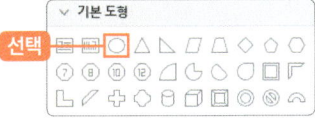

6. 로봇의 눈알을 만들기 위해 [자세히]-'타원'을 선택한 다음 [도형] 탭-[도형 채우기]-'하양'을 선택합니다. 이어서, [도형] 탭-[도형 효과]-3차원 효과]-'부드러운 곡선'을 선택합니다.

7. 로봇의 다른 눈을 만들기 위해 [도형]-[자세히]-'십자형'을 선택한 다음 도형을 삽입합니다.

8. 십자형 도형의 모양을 변경하기 위해, 도형의 노란색 점을 좌우로 드래그해서 십자형 도형의 면적을 줄여 모양을 변경합니다.

> **TIP**
>
> **도형의 노란색 점을 [채우기 핸들]이라고 합니다**
> 채우기 핸들은 도형에 따라 다르지만, 좌우나 상하로 움직여 도형의 면적을 조절하는 기능을 하며 도형의 모양이 완전히 다르게 변경되기도 합니다.

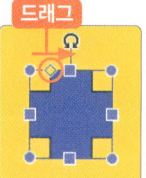 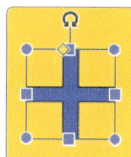

9. [도형] 탭-[도형 효과]-[3차원 효과]-'둥글게'를 선택합니다.

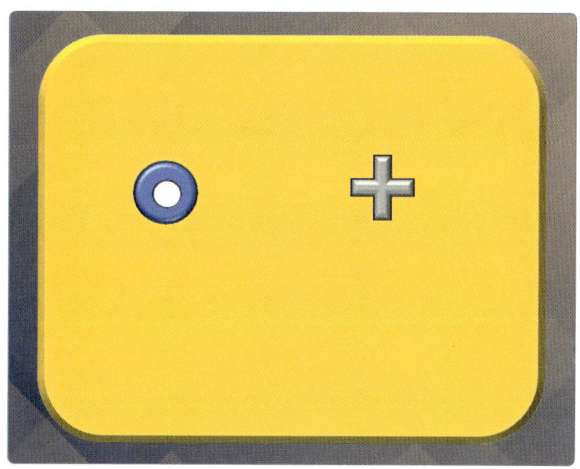

10. 로봇의 머리 위 부품을 만들기 위해 [입력] 탭-[도형]-[자세히]-'순서도: 지연'을 선택합니다. 이어서, 아래의 조건에 맞게 효과를 줍니다.

도형 채우기	도형 효과
강조 5 초록	3차원 효과 – 둥글게

11. [도형] 탭-[회전]-'왼쪽으로 90도 회전'을 선택합니다.

 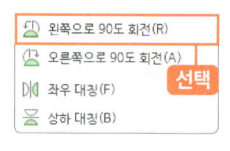 

12. 도형의 순서를 바꾸기 위해 마우스 오른쪽 단추를 클릭하여 [순서]-[맨 뒤로]를 선택합니다.

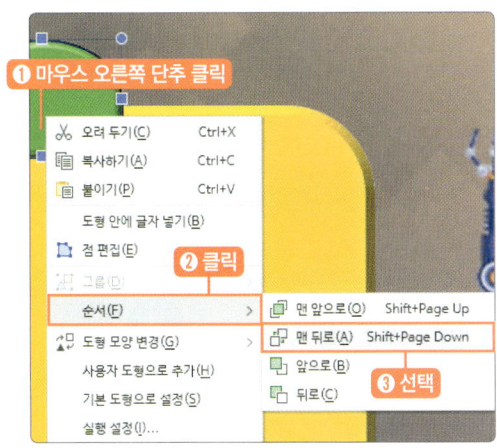

13. 로봇의 입을 만들기 위해 [도형]-[자세히]-'막힌 원호'를 선택합니다. 이어서, 아래의 조건에 맞게 효과를 줍니다.

도형 채우기	도형 효과	회전
검정	3차원 효과 - 둥글게	상하 대칭

14. 로봇의 귀를 만들기 위해 [입력] 탭-[도형]-[자세히]-'순서도: 지연'을 선택합니다. 이어서, 아래의 조건에 맞게 효과를 줍니다.

- 반대쪽 귀를 만들기 위해 **Ctrl** 키를 누른채로 드래그 앤 드롭하여 복사합니다.
  복사된 도형은 [도형] 탭-[회전]-'좌우 대칭'하여 위치를 조절합니다.

도형 채우기	도형 효과
강조 2 주황	3차원 효과 - 비스듬하게

15. 로봇의 이마에 버튼 부품을 만들기 위해 [도형]-[자세히]-'빗면'을 선택합니다. 이어서, 아래의 조건에 맞게 효과를 줍니다.

- 도형을 2개 더 복사하기 위해 **Ctrl** 키를 누른채로 드래그 앤 드롭을 2번 하여 도형 2개를 더 만듭니다.

도형 채우기
강조 1 하늘색

16. 로봇의 볼에 버튼 부품을 만들기 위해 [도형]-[자세히]-'빗면'을 선택합니다. 이어서, 아래의 조건에 맞게 효과를 줍니다.

- 도형을 1개 더 복사하기 위해 **Ctrl** 키를 누른채로 옆으로 드래그 앤 드롭 합니다.

도형 채우기
강조 5 초록

- 도형을 1개 더 복사하기 위해 **Ctrl** 키를 누른채로 아래로 드래그 앤 드롭 합니다.

도형 채우기
강조 1 하늘색

17. 로봇의 머리 위 부품을 만들기 위해 [도형]-[자세히]-'번개'를 선택합니다. 이어서, 아래의 조건에 맞게 효과를 줍니다.

- [도형] 탭-[회전]-'상하 대칭', '좌우 대칭'하여 위치를 조절합니다. 도형의 순서를 '맨 뒤로'하여 배치합니다.

도형 채우기	도형 효과
노랑	3차원 효과-둥글게

18. 로봇의 머리 위 별 부품을 만들기 위해 [도형]-[자세히]-'포인트가 6개인 별'을 선택합니다. 이어서, 아래의 조건에 맞게 효과를 줍니다.

- 도형의 회전 핸들을 조정하여 모양을 맞춥니다.

도형 채우기	도형 효과
빨강	3차원 효과-둥글게

03 도형 개체들 그룹화하기

1. 각 도형 개체들로 만들어진 로봇의 얼굴을 하나의 그룹으로 만들기 위해 모든 도형의 범위를 드래그하면 여러 도형을 빠르게 선택할 수 있습니다.

 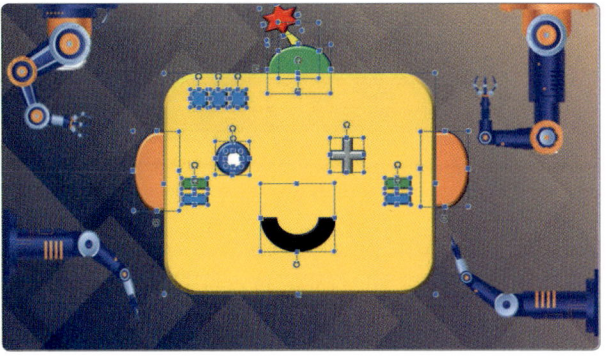

2. 각 도형 개체가 모두 선택되면 도형 위에서 마우스 오른쪽 단추를 클릭하여 [그룹]-[개체 묶기]를 선택합니다.

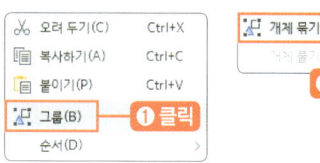
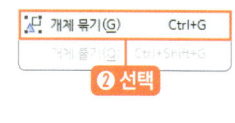

3. 로봇이 그룹화되어 하나의 개체로 만들어집니다. 크기를 알맞게 조절합니다.

도형이나 그림 등의 개체가 그룹화되면 개체 이동이 쉽고, 확대나 축소의 크기 변화가 한꺼번에 가능하며 복사를 할 때도 편리하게 작업됩니다. 그룹화된 개체는 그룹 해제도 가능합니다.

4. 멋진 로봇이 완성되었나요?
   [파일]-[다른 이름으로 저장하기]를 선택하여 본인의 폴더를 선택한 후, 파일 이름을 '로봇 공학자(완성)'을 입력합니다. 이어서, <저장> 단추를 클릭합니다.

CHAPTER 05 연습문제

문제 01　●불러올 파일 : 연습하기 01.show　●완성된 파일 : 5장 연습하기 01(완성).show

서빙 로봇의 얼굴을 만들어 봅니다. 완성된 얼굴은 그룹화하여 크기를 조정한 후, 마음에 드는 몸통과 합쳐 줍니다.

문제 02　●불러올 파일 : 연습하기 02.show　●완성된 파일 : 5장 연습하기 02(완성).show

우리 집에서 함께 지내고 싶은 로봇을 만들어 봅니다. 완성된 얼굴은 그룹화하여 크기를 조정한 후, 마음에 드는 몸통과 합쳐 줍니다.

파티시에

● 불러올 파일 : 파티시에.show   ● 완성된 파일 : 파티시에(완성).show

- 곡선을 그릴 수 있습니다.
- 곡선에 다양한 효과를 줄 수 있습니다.

오늘 배울 기능 : 곡선 삽입하기, 도형에 다양한 효과 주기, 개체를 여러 개 복사하기

직업 소개

파티시에

과자나 쿠키, 파이와 케이크와 같은 달콤한 디저트를 주로 만듭니다. 제빵은 주로 발효하여 빵을 만들지만, 파티시에는 발효과정 없이 만드는 제과를 합니다. 소비자들에게 많은 사랑을 받기 위해 제품에 들어가는 재료연구는 물론 포장까지 연구하며 개성 있는 디저트를 만들기 위해 노력합니다.

01 곡선 그리기

1. [파일]-[불러오기]를 클릭합니다. 이어서, [불러올 파일]-[CHAPTER 06]-'파티시에.show'를 선택한 후, <열기> 단추를 클릭하여 파일을 불러옵니다.

2. 다음 그림과 같은 파일이 열립니다.

3. 달콤한 디저트를 만들어 줄 준비가 되었나요? 아래의 조건표를 참고하여 도형을 선택하면 [도형] 탭-[도형 채우기]에서 색을 변경합니다.

도형 종류	도형 색 채우기
도넛	주황 50% 어둡게
하트	스펙트럼-아래 그림 참고
타원 3개	주황 40% 밝게

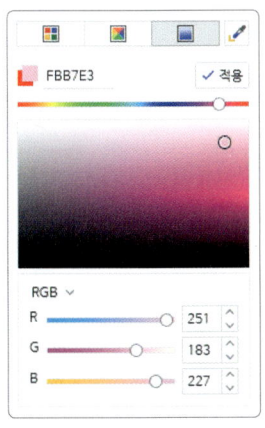

4. 초콜릿 도너츠에 시럽을 만들기 위해 [입력] 탭-[도형]-[자세히]-'선-곡선'을 선택합니다. 마우스 포인터의 모양이 '+'로 변한 것을 확인할 수 있습니다.

5. 클릭하면 그 부분은 고정이 되고 드래그하면 선이 늘어납니다. 굽혀지길 원하는 부분마다 클릭하며 모양을 만들어 나갑니다. 종료는 더블클릭을 합니다.

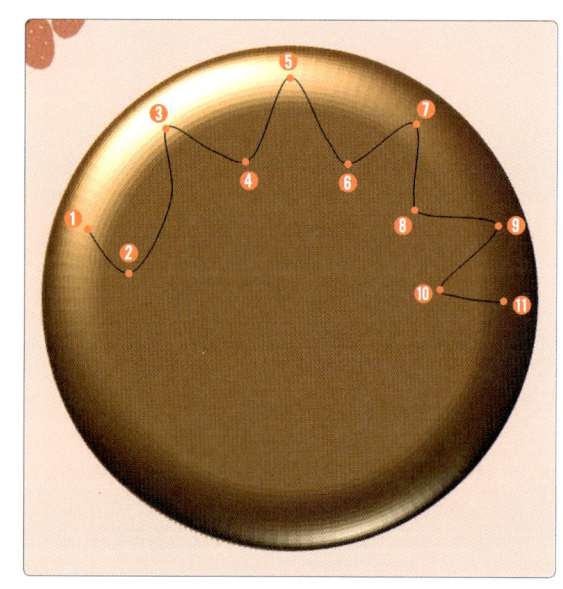

02 곡선에 효과 주기

1. 곡선의 색을 변경하기 위해 [도형] 탭-[도형 윤곽선]에서 '하양'을 선택합니다.

2. 곡선의 두께를 변경하기 위해 [도형] 탭-[도형 윤곽선]에서 [선 굵기]-'6pt'를 선택합니다.

3. 곡선에 네온 효과를 주기 위해서 [도형] 탭-[도형 효과]에서 [네온]-'강조색 4, 15pt'를 선택합니다.

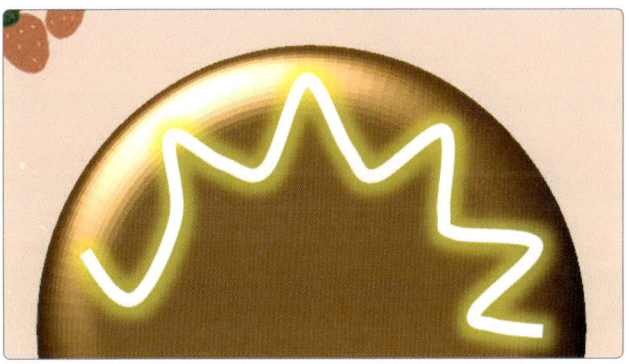

4. 하트 빵 위에도 같은 방법으로 곡선을 선택하여 시럽을 만들어 줍니다. 이어서, 곡선의 색을 변경하기 위해 [도형] 탭-[도형 윤곽선]에서 '검은 군청'을 선택합니다.

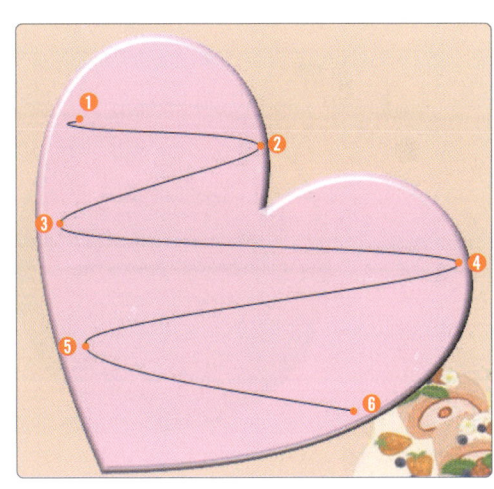

5. '검은 군청' 곡선의 두께를 더 두껍게 변경하기 위해 [도형] 탭-[도형 윤곽선]에서 [선 굵기]-[다른 선]을 선택합니다. 개체 속성 창이 나오면 선 굵기를 8pt로 바꾸어 줍니다.

6. 곡선에 네온 효과를 주기 위해 [도형] 탭-[도형 효과]에서 [네온]-'강조색 1, 15pt'를 선택합니다.

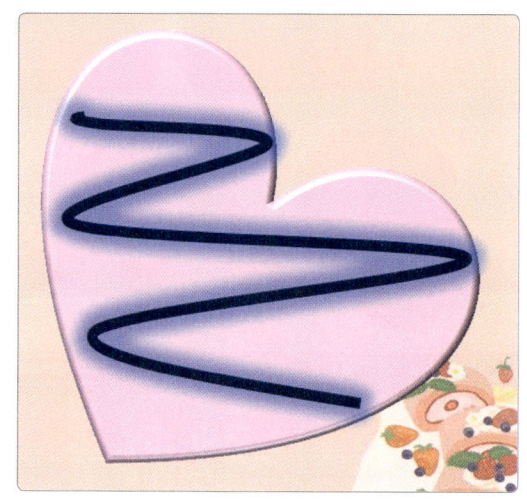

03 도형을 여러 개로 복사하기

1. 곰돌이 도넛을 꾸미기 위해 슬라이드 작업 창 옆에서 '노란 귀'를 드래그하여 알맞은 위치에 두고 회전을 합니다. 이어서, 다른 쪽 귀를 복사하기 위해 Ctrl 키를 누른 채로 드래그 앤 드롭 한 다음 회전을 합니다. 같은 방법으로 곰돌이 도넛의 눈 2개를 완성합니다.

  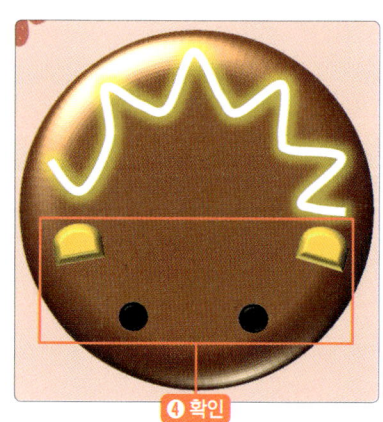

2. 곰돌이 도넛의 코를 만들기 위해 '흰색 타원'을 드래그해서 크기 조정을 합니다.

3. 귀여운 코 모양을 만들기 위해 '검정 직사각형'을 드래그한 다음 도형을 하나 더 복사를 합니다. 이어서, [도형] 탭-[회전]-'좌우 대칭'하여 모양을 만듭니다.

도형이 작아서 마우스로 움직이기 힘들다면 키보드의 방향키를 눌러 위치를 이동해 봅니다.

4. 코의 작은 '검정 원형' 도형은 눈을 복사하여 가져옵니다. 이어서, 적당한 크기로 조절합니다.

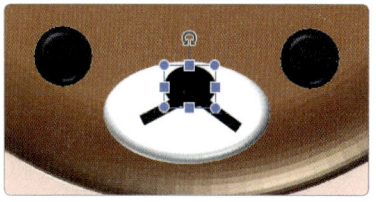

5. 곰돌이 도넛의 장식들을 알맞은 크기와 위치로 이동합니다.

6. 하트 도넛 위에 하트 장식을 드래그합니다.

7. 여러 개를 복사하고 회전 및 크기를 조정하여 다음과 같이 완성합니다.

8. 꽈배기 빵 위에 장식해 봅니다. 이어서, 분홍색 구름도형 여러 개를 복사하고 회전 및 크기를 조정하여 다음과 같이 완성합니다.

9. 하얀 사각형 도형 여러 개를 복사하고 회전 및 크기를 조정하여 다음과 같이 완성합니다.

> **TIP**
> [Ctrl] 키를 누른 채로 마우스를 여러 번 드래그 앤 드롭하면서 위치만 옮깁니다. 그러면 쉽게 도형이 복사가 됩니다.

10. 달콤한 디저트들이 완성되었나요?
[파일]-[다른 이름으로 저장하기]를 선택하여 본인의 폴더를 선택한 후, 파일 이름을 '파티시에(완성)'을 입력 합니다. 이어서, <저장> 단추를 클릭합니다.

CHAPTER 06 연습문제

문제 01   ●불러올 파일 : 연습하기 01.show   ●완성된 파일 : 6장 연습하기 01(완성).show

도형들을 이용하여 새콤달콤 시원한 아이스크림을 만들어 봅니다.

CHAPTER 07 네일 아티스트

● 불러올 파일 : 네일 아티스트.show   ● 완성된 파일 : 네일 아티스트(완성).show

학습목표

- 색 골라내기를 사용할 수 있습니다.
- 도형 그러데이션 효과를 줄 수 있습니다.

오늘 배울 기능 : 도형 그러데이션 효과 주기, 색 골라내기

직업 소개

네일 아티스트

사람들의 손, 손톱, 발, 발톱의 건강과 제모 및 미용 관리를 담당하여 케어해주는 일을 합니다. 손과 발이 청결하게 유지되도록 깨끗하게 정돈하여 줍니다. 또한, 손톱과 발톱에 다양한 색의 매니큐어를 여러 도구를 사용하여 창의적인 문양과 색으로 꾸며주는 일을 합니다. 손, 발톱처럼 작은 부위에 개성 있는 그림을 그리기도 하고, 보석이나 장식을 달아주기도 하며, 스티커를 붙여주기도 합니다.

색 골라내기로 색 추출하기

1. [파일]-[불러오기]를 클릭합니다. 이어서, [불러올 파일]-[CHAPTER 07]-'네일 아티스트.show'를 선택한 후, <열기> 단추를 클릭하여 파일을 불러옵니다.

2. 아래 그림과 같은 파일이 열립니다. 이어서, 첫 번째 둥근 모서리 사각형을 선택하고 [도형] 탭-[도형 채우기]-[색 골라내기]를 선택합니다.

3. 마우스 포인터가 스포이트 모양으로 바뀐 것을 확인하고 팔레트에서 '분홍(237, 5,114)' 클릭하여 색을 추출합니다.

색 골라내기
색 골라내기를 클릭하면 왼쪽 상단에 RGB 값이 나타납니다.

4. 도형의 색이 다음과 같이 변한 것을 확인합니다.

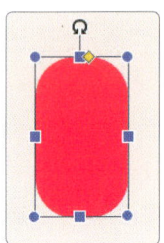

02 도형의 그러데이션 효과 주기

1. [도형] 탭-[도형 채우기]- [그러데이션]을 클릭합니다.

2. [어두운 그러데이션]에서 '선형-위쪽에서'를 선택하고 도형에 그러데이션이 적용된 것을 확인합니다.

3. 두 번째 도형을 선택한 후, 마우스 오른쪽 단추를 클릭하여 [개체 속성]을 클릭하면 오른쪽에 [개체 속성] 창이 나옵니다.

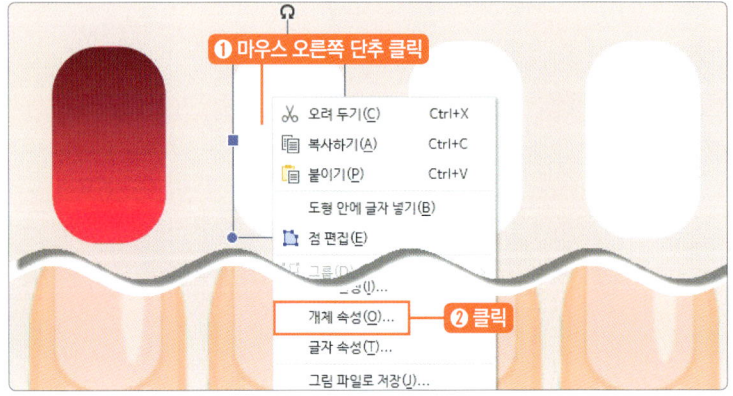
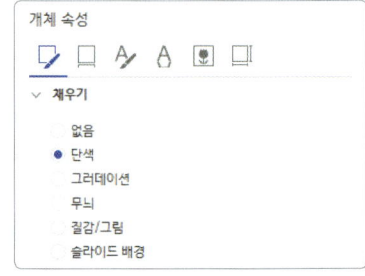

4. [채우기]-[그러데이션]을 클릭하고 [그러데이션 중지점]에서 첫 번째 중지점을 클릭한 후, [색]을 선택합니다. 이어서, 색 골라내기를 선택하여 '주황(253, 171, 62)' 클릭하여 색을 추출합니다.

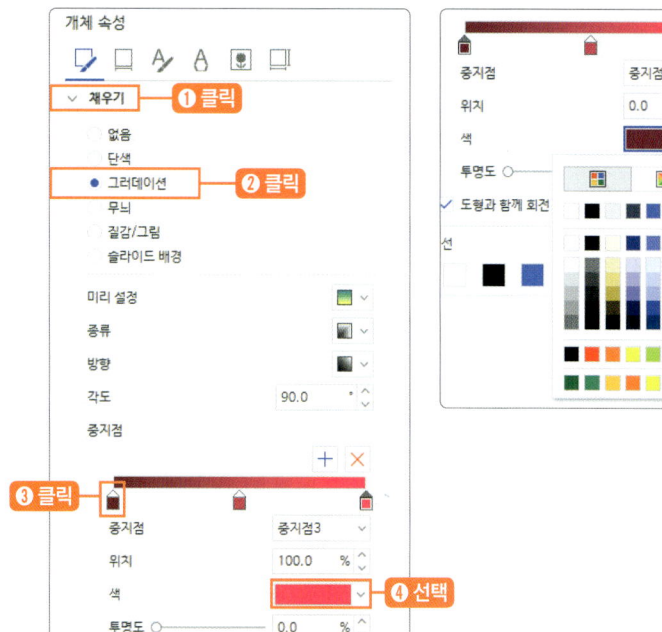

5. 가운데 그러데이션 중지점은 삭제합니다.

6. 남은 중지점은 '라임(181, 212, 82)' 클릭하여 색을 추출합니다.

7. 그러데이션의 방향을 선택하여 '선형-아래쪽에서'를 클릭합니다.

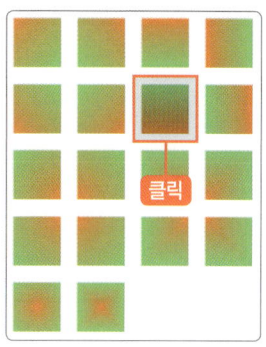

8. 나머지 도형도 아래 표 조건과 같이 색을 변경해 봅니다.

	첫 중지점	마지막 중지점	효과
세 번째 도형	옥색 (4, 152, 224)	황금색 (255, 198, 20)	선형-아래쪽에서
네 번째 도형	자주 (172, 30, 142)	연보라 (201, 134, 187)	선형-오른쪽에서
다섯 번째 도형	연한 주황 (250, 175, 94)	다홍 (245, 113, 108)	선형-오른쪽 아래에서

9. 다섯 개의 모서리가 둥근 사각형을 모두 선택합니다.

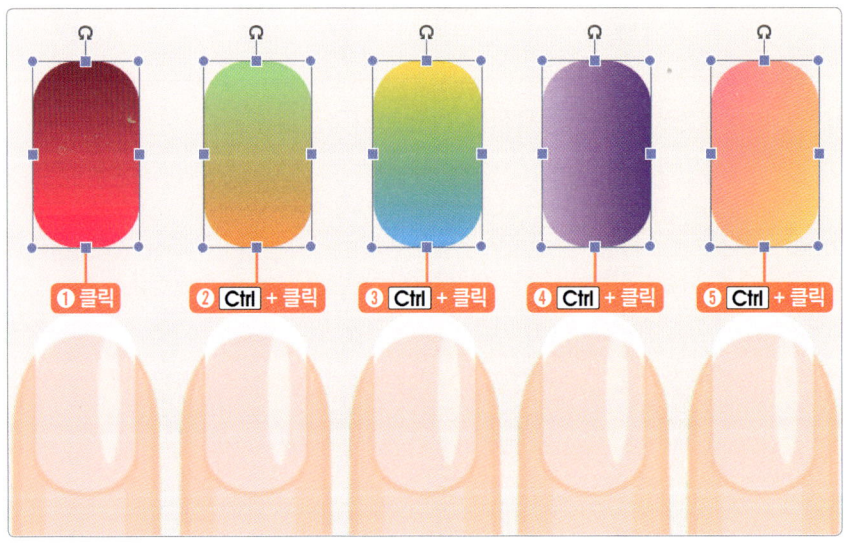

10. 아래 손톱에 예쁘게 네일을 올려주세요.

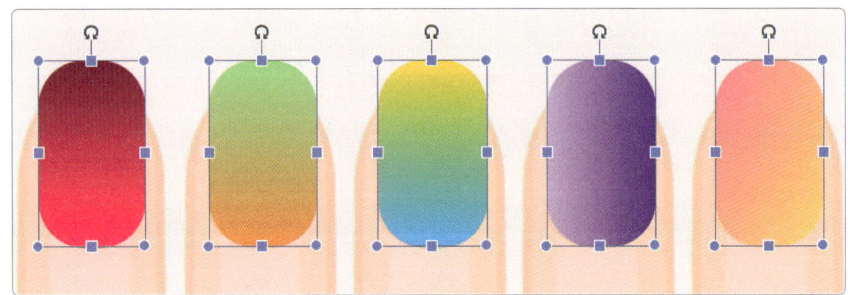

11. 네일 아트가 마음에 드시나요?
    [파일]-[다른 이름으로 저장하기]를 선택하여 본인의 폴더를 선택한 후, 파일 이름을 '네일 아티스트(완성)'을 입력합니다. 이어서, <저장> 단추를 클릭합니다.

CHAPTER 07 연습문제

문제 01 ● 불러올 파일 : 연습하기 01.show　● 완성된 파일 : 7장 연습하기 01(완성).show

최신 유행하는 네일 아트 스타일을 자유롭게 만들어 봅니다.

문제 02 ● 불러올 파일 : 연습하기 02.show　● 완성된 파일 : 7장 연습하기 02(완성).show

귀여운 고양이 친구들에게 멋진 선글라스를 선물해 봅니다.

사이버 범죄 수사관

● 불러올 파일 : 사이버 범죄 수사대.show ● 완성된 파일 : 사이버 범죄 수사대(완성).show

학습목표

- 텍스트를 입력할 수 있습니다.
- 텍스트 서식을 변경할 수 있습니다.

오늘 배울 기능 : 텍스트 삽입하기, 텍스트 서식 변경하기

직업 소개

사이버 범죄 수사대

인터넷 공간에서 일어나는 범죄를 수사하고 범인들을 검거하는 업무를 합니다. 흔히 해킹이나 범죄자의 흔적을 사이버상에서 찾아 IP를 추적하고, 수사에 필요한 증거자료도 사이버공간에서 찾는 일을 합니다. 사이버 테러를 예방하고 나라의 중요한 기밀을 보호해 줍니다. 악성 댓글이나 허위사실 유포를 단속하기도 합니다. 경찰의 기본 업무인 범죄자 검거뿐 아니라 컴퓨터도 잘 다룰 수 있는 능력도 갖추어야 합니다.

01 텍스트 입력하기

1. [파일]-[불러오기]를 클릭합니다. 이어서, [불러올 파일]-[CHAPTER 08]-'사이버 범죄 수사관.show'를 선택한 후, <열기> 단추를 클릭하여 파일을 불러옵니다.

2. 아래 그림과 같은 파일이 열립니다.

3. 토순이의 사진 아래에 악성 댓글이 달렸습니다. 우리가 좋은 댓글로 바꿔봅니다.

4. [입력] 탭-[글상자]-[가로 글상자]를 선택합니다.

5. 마우스 포인터가 '┼' 모양으로 변한 것을 확인할 수 있습니다.

6. 첫 번째 댓글 창에 적당한 크기로 드래그합니다.

7. 마우스 커서가 깜빡이면 '우와~! 쫑긋한 귀가 너무 귀엽다 >.<'를 입력합니다.

> **TIP**
>
> 키보드에서 두 개 이상의 글자 혹은 기호가 있는 키의 상단의 글, 기호를 입력할 때 Shift 키를 누른 상태에서 해당 키를 누르면 상단의 글, 기호가 입력됩니다. 영문으로 입력하면 Shift 키를 함께 누르면 대문자로 입력됩니다.

8. 아래의 두 댓글 창에도 글상자를 그려 텍스트를 입력합니다.

   우유 빛깔 토순이! 친하게 지내요 ^0^

   건강하게 지내는 것 같아서 보기 좋아요~!

9. 다음과 같이 완성된 것을 확인할 수 있습니다.

02 텍스트 서식 변경하기

1. 첫 번째 댓글 창 텍스트를 모두 드래그하여 선택합니다.

2. 상단에 서식 도구가 있는 것을 확인할 수 있습니다.

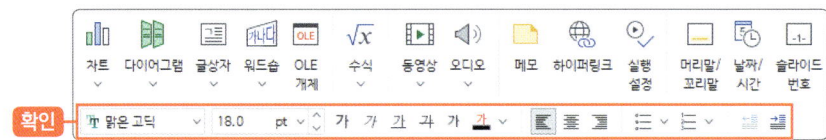

TIP

글꼴 변경, 글자의 크기(숫자가 클수록 글자가 커져요)를 바꿀 수 있습니다.

진하게, 기울임, 밑줄 버튼을 선택하여 모양을 바꿀 수 있고, 정렬을 바꿀 수 있습니다.

글자 색과 글자 크기를 바꿀 수 있습니다.

3. 아래와 같이 '글꼴(휴먼편지체)'에 '글자 크기(20pt)'로 '글자 색(보라)'로 지정하고 텍스트 서식이 적용된 것을 확인합니다.

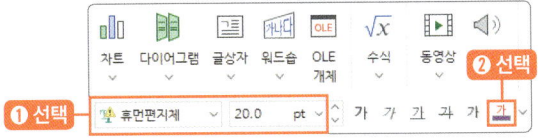 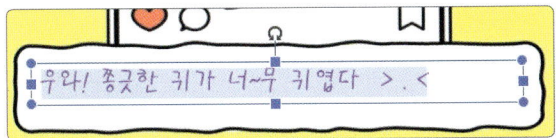

4. 두 번째 댓글 창의 텍스트도 선택한 후, '글꼴(휴먼 둥근 헤드라인체)'에 '글자 크기(20pt)'로 '진하게' 설정한 후, '글자 색(초록)'으로 지정하고 텍스트 서식이 적용된 것을 확인합니다.

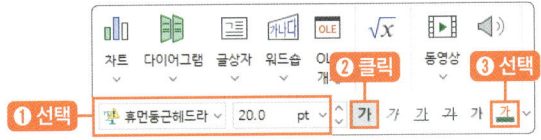 

5. 세 번째 댓글 창의 텍스트도 선택한 후, 글꼴(휴먼모음T)에 글자 크기(20pt)로 '그림자' 설정하고 글자 색(주황)으로 지정한 다음 텍스트 서식이 적용된 것을 확인합니다.

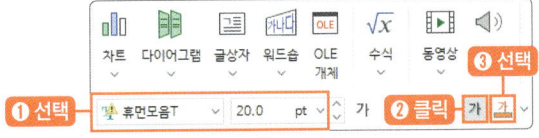 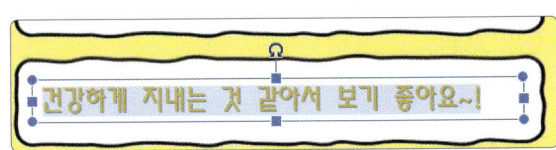

TIP

얼굴이 보이지 않은 사이버 공간이라고 하여 남을 비방하거나 상처가 되는 댓글을 쓰는 것은 범죄입니다. 항상 명심하고 에티켓을 지키는 친구가 되도록 약속합니다.

6. [파일]-[다른 이름으로 저장하기]를 선택하여 본인의 폴더를 선택한 후, 파일 이름을 '사이버 범죄 수사관(완성)'을 입력합니다. 이어서, <저장> 단추를 클릭합니다.

CHAPTER 08 연습문제

문제 01 ●불러올 파일 : 연습하기 01.show ●완성된 파일 : 8장 연습하기 01(완성).show

친구와 즐겁게 지낸 후, 집으로 돌아가는 길에 메시지가 왔습니다. 글상자를 넣어 친구와 대화를 나눠 봅니다.

문제 02 ●불러올 파일 : 연습하기 02.show ●완성된 파일 : 8장 연습하기 02(완성).show

아래 노랫말을 적어봅니다.

아리랑

아리랑 아리랑 아라리요
아리랑 고개를 넘어간다.

나를 버리고 가시는 님은
십리도 못가서 발병 난다.

아리랑 아리랑 아라리요
아리랑 고개를 넘어간다.

나를 버리고 가시는 님은
십리도 못가서 발병 난다.

CHAPTER 09 약사

● 불러올 파일 : 약사.show   ● 완성된 파일 : 약사(완성).show

학습목표

- 워드숍을 삽입할 수 있습니다.
- 워드숍 서식을 변경할 수 있습니다.

오늘 배울 기능 : 워드숍 삽입하기, 워드숍 서식 변경하기

🔍 완성작품 미리보기

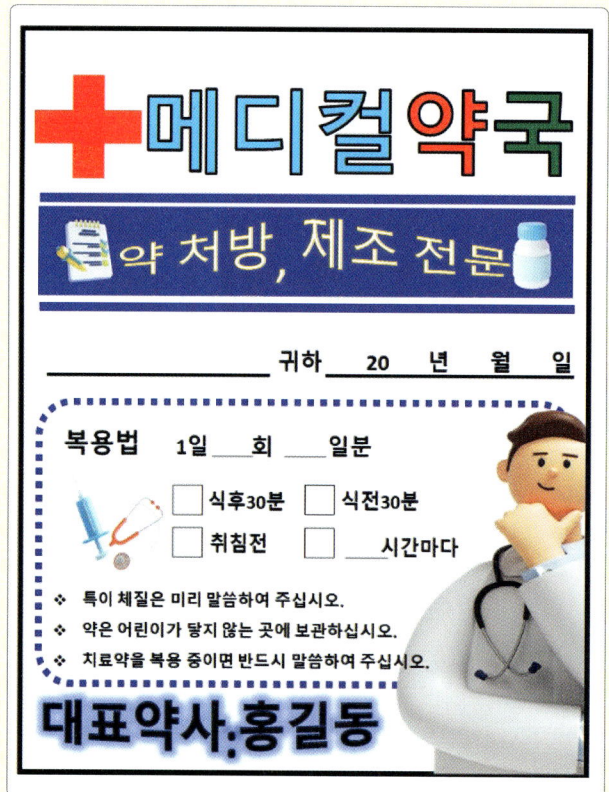

직업 소개

약사
병원에서 의사가 처방해 준 처방전에 따라 약을 짓고 판매하는 전문가입니다. 약국에서 손님들의 건강 문제를 상담해 주고, 의약품을 판매하기도 합니다. 제약회사나 연구소에서 새로운 약을 연구하고 개발하는 약사도 있습니다.

01 워드숍 삽입하기

1. [파일]-[불러오기]를 클릭합니다. 이어서, [불러올 파일]-[CHAPTER 09]-'약사.show'를 선택한 후, <열기> 단추를 클릭하여 파일을 불러옵니다.

2. 다음 그림과 같은 파일이 열립니다.

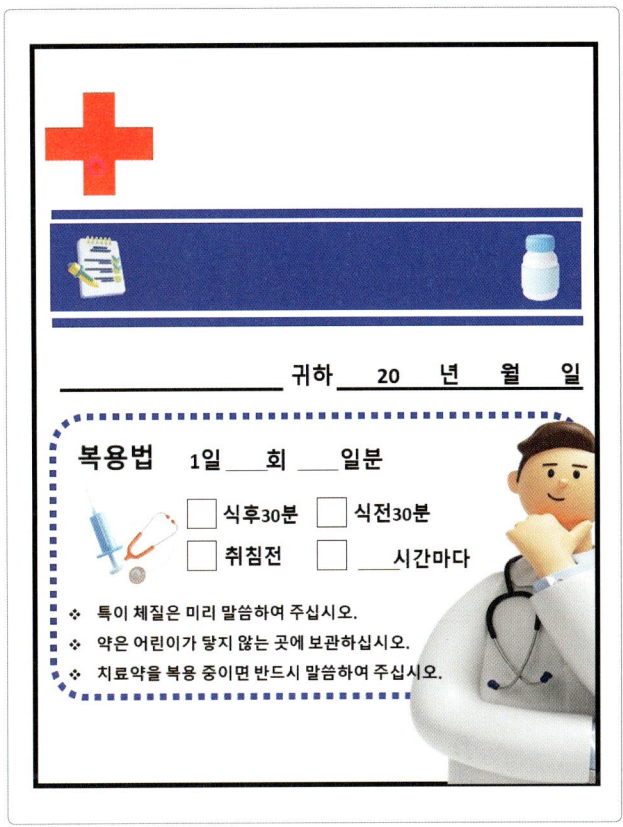

3. 약국 이름과 약사의 이름이 없습니다. 우리가 넣어볼까요?

4. [입력] 탭-[워드숍]을 클릭합니다.

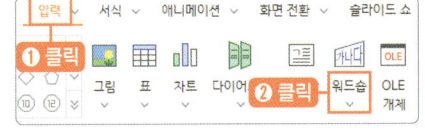

5. '채우기-강조 1, 윤곽-강조 1(어두운 계열)'을 선택합니다.

6. 다음과 같이 '내용을 입력하세요.'라는 메시지가 확인됩니다.

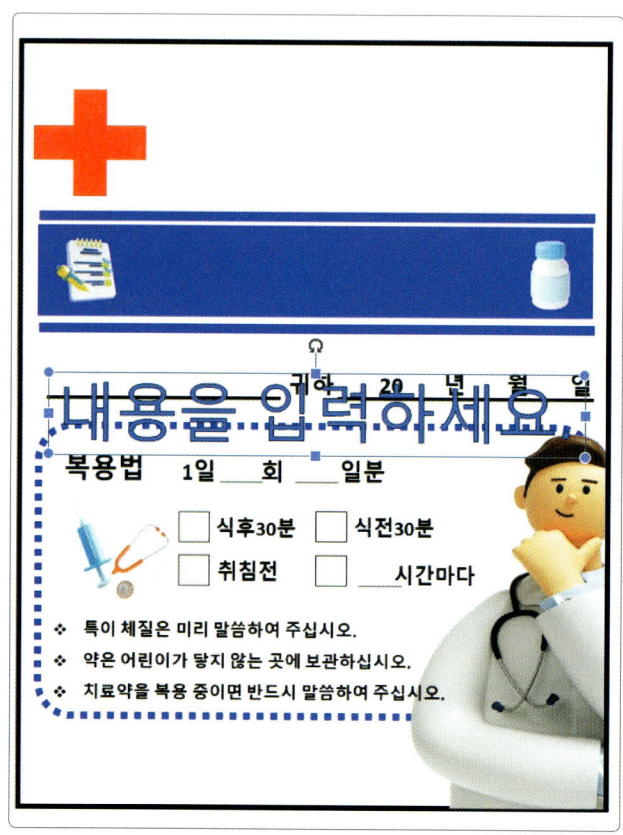

7. '메디컬약국'으로 적고 위치를 옮깁니다.

02 워드숍 서식 변경하기

1. '메디컬약국'을 드래그하고 서식 도구에서 '글자 크기(80pt)', '진하게'로 바꿉니다.

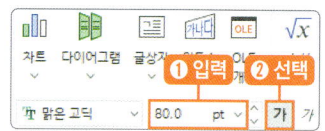

2. 다음과 같이 '메디컬'만 드래그하여 선택합니다.

3. [도형] 탭-[글자 채우기]-'시안'을 선택합니다.

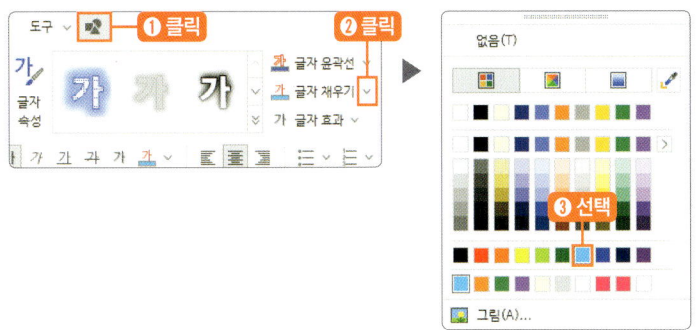

4. '메디컬'의 색이 변한 것을 확인할 수 있습니다.

5. '약'을 드래그하여 [도형] 탭-[글자 채우기]-'빨강'을 선택합니다. 같은 방법으로 '국'을 드래그하여 '초록'을 선택합니다.

6. 윤곽선 두께를 변경하기 위해서 [도형] 탭-[글자 윤곽선]-'검정'을 선택하고 윤곽선 굵기는 '2.25pt'를 선택합니다.

7. 다음과 같이 윤곽선이 두껍게 변한 것을 확인할 수 있습니다.

8. [입력] 탭-[워드숍]-'윤곽-강조 4, 반사-근접(1/2크기),네온'을 선택합니다. 이어서, 다음과 같은 위치로 이동 후, '약 처방, 제조 전문'을 입력합니다.

9. 워드숍의 모양을 변환시키기 위해 [도형] 탭-[글자 효과]-[변환]-'휘기-삼각형'을 선택합니다.

10. 다음과 같이 워드숍의 위치와 크기를 조절합니다.

11. [입력] 탭-[워드숍]-'채우기-강조 1, 윤곽-강조 1(어두운 계열)'을 선택하고 다음 그림과 같이 내용을 입력한 후, 위치를 조정합니다.

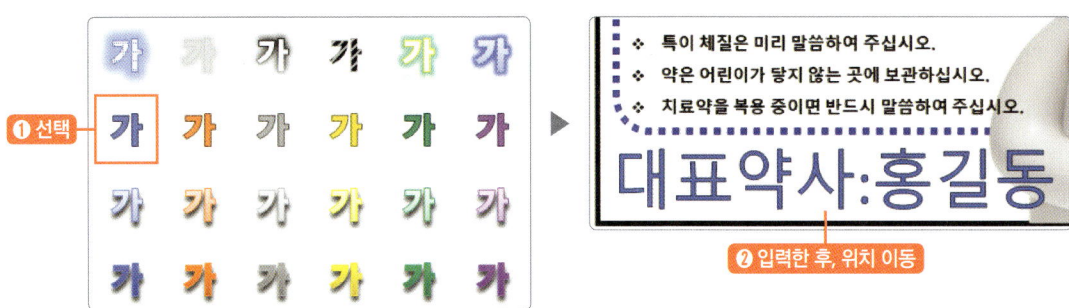

12. 워드숍에 네온 효과를 주기 위해 [도형] 탭-[글자 효과]에서 [네온]-'강조색 1, 10pt'를 선택합니다.

13. 워드숍에 네온 효과가 적용되면 서식 도구에서 '글자 크기(40pt)'에 '진하게'에 '글자 색(검정)'을 적용합니다.

14. 워드숍의 모양을 변환시키기 위해 [도형] 탭-[글자 효과]-[변환]-'아래쪽 팽창'을 선택합니다. 이어서, 빨간색 조절점을 아래로 드래그합니다.

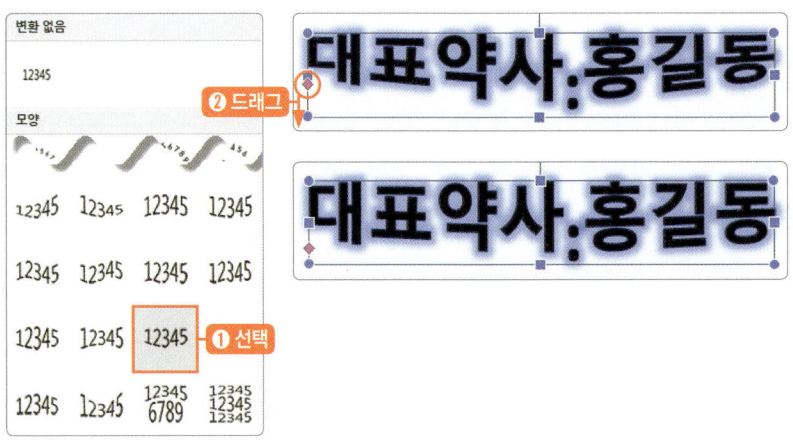

15. 약봉투가 완성되었나요?
[파일]-[다른 이름으로 저장하기]를 선택하여 본인의 폴더를 선택한 후, 파일 이름을 '약사(완성)'을 입력합니다. 이어서, <저장> 단추를 클릭합니다.

CHAPTER 09 연습문제

문제 01   ● 불러올 파일 : 연습하기 01.show   ● 완성된 파일 : 9장 연습하기 01(완성).show

워드숍을 삽입하여 여름철 건강주의 포스터를 만들어 봅니다.

문제 02   ● 불러올 파일 : 연습하기 02.show   ● 완성된 파일 : 9장 연습하기 02(완성).show

워드숍을 삽입하여 현충일을 알리는 포스터를 만들어 봅니다.

기자

● 불러올 파일 : 기자.show ● 완성된 파일 : 기자(완성).show

- 한글을 한자로 변환할 수 있습니다.
- 특수문자를 삽입할 수 있습니다.

오늘 배울 기능 : 한자로 변환하기, 특수문자 삽입하기

 **완성작품 미리보기**

 **직업 소개**

기자
우리 주변에 일어나는 다양한 소식과 사건, 사고뿐 아니라 정치, 경제, 의학, 법률, 스포츠, 연예 및 다양한 생활 정보 등을 기사로 작성하거나 신문, 잡지, 라디오, 인터넷, TV 등 매체에 보도하는 일을 합니다. 정확하게 정보를 전달해 주어야 하며, 신속하게 알려주기 위해 사건 및 사고 현장에 취재하기도 합니다.

01 한자로 변환하기

1. [파일]-[불러오기]를 클릭합니다. 이어서, [불러올 파일]-[CHAPTER 10]-'기자.show'를 선택한 후, <열기> 단추를 클릭하여 파일을 불러옵니다.

2. 다음 그림과 같은 파일이 열립니다.

3. 오늘의 주요 기사를 적어볼까요?

4. [입력] 탭-[워드숍]-'채우기-강조 3, 윤곽-강조 3(어두운 계열)을 선택합니다.

5. '대한민국 금메달 획득!'을 입력한 후, 회전을 하고 다음과 같이 배치합니다.

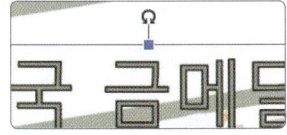

6. 다음과 같이 '대한민국'만 드래그하고 선택하여 키보드에서 한자 키를 누릅니다.

7. [한자로 바꾸기] 대화상자가 나오면 '大韓民國'을 클릭하고 <바꾸기> 단추를 클릭합니다.

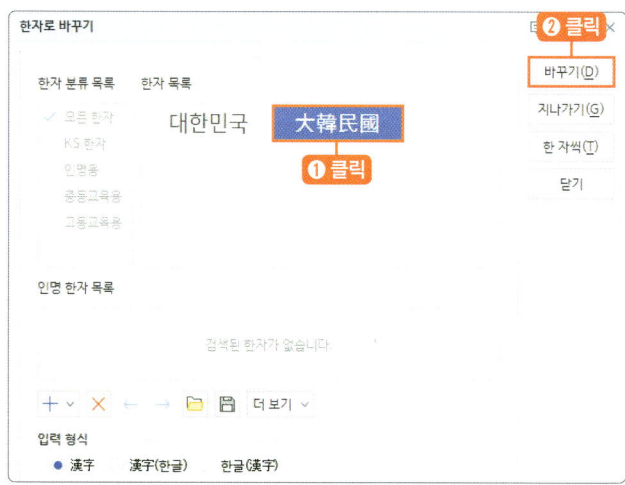

8. 같은 방법으로 '금'을 드래그하고 키보드에서 한자 키를 눌러 '金'을 선택합니다.

9. 다음과 같이 한자로 변환된 것을 확인합니다.

02 특수문자 삽입하기

1. '숲' 텍스트 앞을 클릭하여 커서를 위치합니다.

2. [입력] 탭-[문자표]-'※ 문자표'를 클릭합니다.

3. 대화상자가 나오면 [사용자 문자표]-[※ 기호 1]을 선택하고 '『'를 선택합니다. 이어서, <넣기> 단추를 클릭합니다.

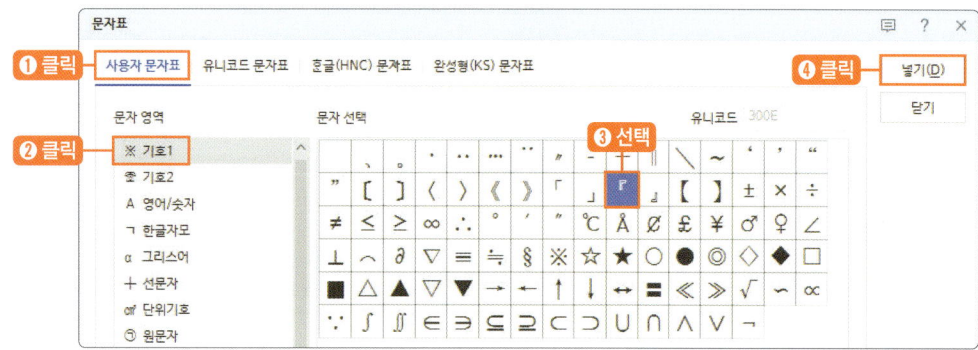

4. '숲' 텍스트 뒤를 클릭하여 커서를 위치합니다.

5. [문자표]에서 같은 방법으로 '』'을 삽입합니다.

6. 워드숍 크기를 조정하기 위해 텍스트를 모두 드래그합니다.

7. 서식 도구에서 글자 크기(43pt)와 글자 색(검정)을 바꿔줍니다.

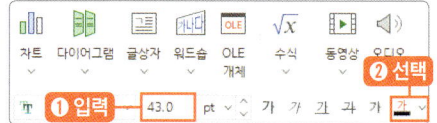

8. 다음과 같이 워드숍을 완성합니다.

9. 아래와 같이 신문 기사가 잘 적어졌나요?
[파일]-[다른 이름으로 저장하기]를 선택하여 본인의 폴더를 선택한 후, 파일 이름을 '기자(완성)'을 입력합니다. 이어서, <저장> 단추를 클릭합니다.

CHAPTER 10 연습문제

문제 01
● 불러올 파일 : 연습하기 01.show ● 완성된 파일 : 10장 연습하기 01(완성).show

일~십까지 한자 카드를 만들어 봅니다.

일	이	삼	사	오	육	칠	팔	구	십
一	二	三	四	五	六	七	八	九	十

문제 02
● 불러올 파일 : 연습하기 02.show ● 완성된 파일 : 10장 연습하기 02(완성).show

십이간지 카드를 만들어 봅니다.

자	축	인	묘	진	사	오	미	신	유	술	해
子	丑	寅	卯	辰	巳	午	未	申	酉	戌	亥

사진작가

●불러올 파일 : 사진작가.show ●완성된 파일 : 사진작가(완성).show

- 그림에 꾸밈 효과 및 색 조정을 할 수 있습니다.
- 그림에서 필요한 부분을 자를 수 있습니다.

오늘 배울 기능 : 그림에 꾸밈효과 주기, 투명효과하기, 이미지 자르기

사진작가

사진작가는 촬영 대상을 선정하여 작품 사진을 찍거나 사건 현장에서 보도 사진을 찍습니다. 바닷가, 산, 도시 등의 장소를 활용하기도 하며, 인물이나 상업 목적의 광고사진을 찍는 사진작가도 있습니다. 촬영된 필름을 현상 인화하고, 사진 작품 전시를 위해 촬영 방법과 현상 기술을 연구하는 일을 합니다.

01 그림에 꾸밈 효과 주기

1. [파일]-[불러오기]를 클릭합니다. 이어서, [불러올 파일]-[CHAPTER 11]-'사진작가.show'를 선택한 후, <열기> 단추를 클릭하여 파일을 불러옵니다.

2. 다음 그림과 같은 파일이 열립니다.

3. 전시회에 멋진 사진을 넣어볼까요?
   [입력] 탭-[그림]-'그림'을 선택합니다. 이어서, [그림 넣기] 대화상자가 나오면 [CHAPTER 11]-[사진작가]-[이미지] 폴더를 클릭한 후, '첨성대'를 선택한 다음 <열기> 단추를 클릭합니다.

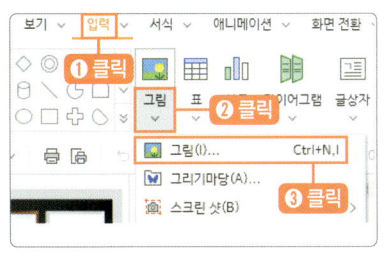 

 TIP

이미지를 크게 보고 싶다면 [그림 넣기] 대화상자의 오른쪽 보기 형식에서 큰 아이콘( ) 버튼을 눌러 이미지를 크게 볼 수 있습니다.

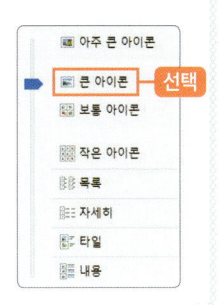

4. 삽입된 '첨성대' 이미지를 첫 번째 액자 틀에 맞춰 크기를 조정합니다.

5. 같은 방법으로 '하늘'과 '바다' 이미지도 삽입하여 크기를 조정합니다.

6. '첨성대' 이미지를 클릭하고 [그림] 탭-[고급 효과]에서 '부드러운 광채'를 선택하여 효과를 줍니다.

7. 다음과 같이 효과가 적용된 것을 확인할 수 있습니다.

8. 같은 방식으로 다른 이미지들도 효과를 적용해 봅니다.

하늘 이미지	바다 이미지
'오래된 인쇄물' 효과	'번진 수채화' 효과

9. 글상자를 이용하여 액자 밑에 이름표를 작성해 봅니다.(글꼴(휴먼모음T), 글자 색(검정))

첨성대 이미지	하늘 이미지	바다 이미지
별이 빛나는 첨성대	파란 하늘	여름 바다

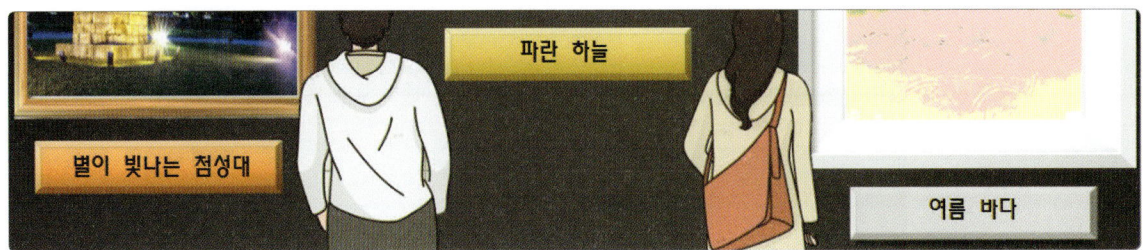

02 이미지 자르기

1. 반짝이는 전구 이미지를 넣기 위해 [불러올 파일]-[CHAPTER 11]-[사진작가] - [이미지] 폴더에서 '조명'을 선택하여 삽입합니다.

2. [그림] 탭-[자르기]를 선택합니다.

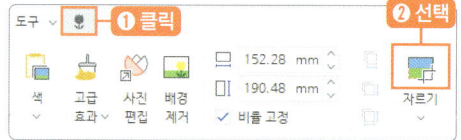

3. '전구' 이미지 모서리에 자르기 도구가 적용되면 모서리에 마우스 포인터를 두고 원하는 위치까지 드래그합니다. 이어서, 적당한 크기로 조절이 되면 이미지 외부를 클릭합니다.

03 투명한 색 지정하기

1. 잘린 전구 이미지를 선택하고 [그림] 탭-[사진 편집]을 선택합니다.

2. 사진 편집기 대화상자가 나오면 오른쪽 상단의 메뉴를 클릭하고 투명 효과를 선택합니다. 이어서, 조명 이미지의 검은색 배경을 클릭합니다.

3. <적용> 단추를 누르고 전구 이미지의 배경이 투명하게 변하면 다음과 같이 위치와 크기를 조절합니다.

4. 전구 이미지를 클릭한 상태에서 Ctrl + Shift 키를 누르면서 옆으로 드래그하여 복사합니다.

5. [소품] – [조명]의 이미지를 삽입하기 위해 [불러올 파일]-[CHAPTER 11]-[사진작가] – [이미지] 폴더에서 '소품'을 선택하여 삽입합니다.

6. [자르기]를 이용하여 다음과 같은 조명 모양의 이미지를 삽입합니다.

7. [사진 편집]을 하여 전구의 배경을 투명하게 만든 후, [그림] 탭-[색]-[이중 톤]-'어두운 강조색 4'를 선택합니다.

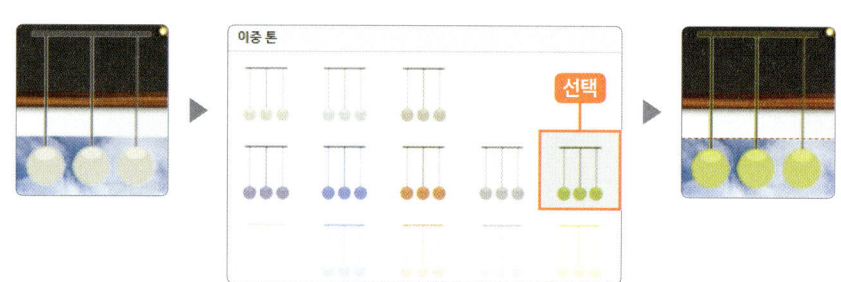

8. 소품-스텐드의 이미지를 삽입하기 위해 [불러올 파일]-[CHAPTER 11]-[사진작가] – [이미지] 폴더에서 '소품'을 선택하여 삽입한 후, 이미지를 자르고 배경색은 투명색으로 지정하여 다음과 같은 위치에 배치해 봅니다.

9. [파일]-[다른 이름으로 저장하기]를 선택하여 본인의 폴더를 선택한 후, 파일 이름을 '사진작가(완성)'을 입력 합니다. 이어서, <저장> 단추를 클릭합니다.

CHAPTER 11 연습문제

문제 01   ● 불러올 파일 : 연습하기 01.show   ● 완성된 파일 : 11장 연습하기 01(완성).show

[연습하기 01] - [이미지] 폴더에서 이미지를 불러와
행복한 순간을 담은 폴라로이드 사진들을 꾸며 봅니다.

문제 02   ● 불러올 파일 : 연습하기 02.show   ● 완성된 파일 : 11장 연습하기 02(완성).show

[연습하기02] - [이미지] 폴더에서 이미지를 불러와 화가의 작품실을 꾸며 봅니다.

크리에이터

●불러올 파일 : 크리에이터.show   ●완성된 파일 : 크리에이터(완성).show

- 선 종류를 변경하여 테두리를 만들 수 있습니다.
- 그림의 배경을 제거할 수 있습니다.

오늘 배울 기능 : 테두리 삽입하기, 그림 배경 제거하기

직업 소개

크리에이터
창작자, 개발자, 작가 등의 의미로 무엇이든 새롭게 만드는 사람을 크리에이터라 부르지만, 요즘은 일반적으로 동영상을 업로드하는 사람을 '크리에이터'라고 칭합니다. 유튜브나 아프리카TV, 틱톡 등 미디어 플랫폼에 영상 콘텐츠를 만들어 올립니다. 기획 연출뿐 아니라 영상 촬영 및 편집까지 자신만의 아이디어로 창작하는 사람입니다.

01 테두리 삽입하기

1. [파일]-[불러오기]를 클릭합니다. 이어서, [불러올 파일]-[CHAPTER 12]-'크리에이터.show'를 선택한 후, <열기> 단추를 클릭하여 파일을 불러옵니다.

2. 다음 그림과 같은 파일이 열립니다.

3. 나의 일상을 담은 브이로그의 썸네일을 만들어볼까요? [입력] 탭-[도형]-'직사각형'을 선택하여 슬라이드 작업 창에 가득차게 그려줍니다.

4. [도형] 탭-[도형 채우기]-'없음'을 선택합니다.

5. '직사각형'의 도형 윤곽선(하양), [도형 윤곽선]-[선 굵기]는 '4.5pt'로 선택하고 [도형 윤곽선]-[선 종류]에서 '긴 점선'을 선택합니다.

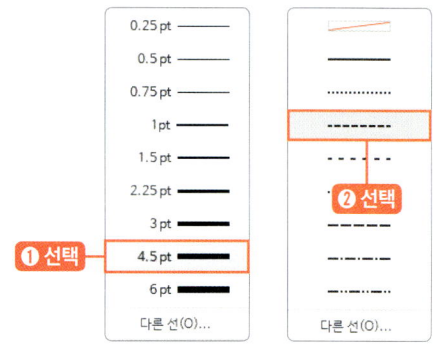

6. 도형을 복사하여 [도형 윤곽선]-[선 종류]에서 '점선'을 선택합니다.

7. 다음 그림과 같이 도형의 크기를 조정하여 슬라이드에 테두리를 만들어 줍니다.

02 그림 삽입하기

1. [입력] 탭-[그림]을 선택합니다. 이어서, [불러올 파일]-[CHAPTER 12]-[크리에이터이미지] 폴더에서 '마카롱'을 선택한 다음 <열기> 단추를 클릭합니다.

2. 슬라이드에 선택된 이미지가 삽입됩니다.

03 이미지 배경 제거하기

1. 마카롱 이미지를 선택하고 [그림] 탭-[배경 제거]를 클릭합니다.

2. 마우스 포인터가  모양으로 바뀐 것을 확인할 수 있습니다.

3. 마카롱 외각 부분을 마우스로 드래그하여 지정하고 [제거할 영역 표시] 단추를 클릭한 후, 마카롱 바깥쪽을 드래그하여 제거할 영역을 지정합니다.

분홍색으로 변한 부분은 제거되는 부분입니다.

4. 영역 설정이 완료되었다면 [변경 내용 유지] 단추를 클릭합니다.

5. 다음과 같이 마카롱 이미지의 크기와 위치를 조정합니다.

6. [입력] 탭-[그림]을 선택합니다. 이어서, [불러올 파일]-[CHAPTER 12]-[크리에이터이미지] 폴더에서 '피자'를 선택한 다음 <열기> 단추를 클릭합니다.

7. 선택한 피자 이미지의 배경을 제거해준 뒤, 알맞은 곳으로 위치를 이동시켜 줍니다.

8. 같은 방법으로 '강아지'를 삽입한 후, 배경을 제거하여 삽입합니다.

9. 같은 방법으로 '와우'를 삽입한 후, 배경을 제거하여 삽입합니다.

10. 다음과 같이 이미지들을 배치합니다.

11. [입력] 탭-[도형]-[자세히]-'이중 물결'을 선택하여 삽입합니다. 아래 조건에 맞춰 설정합니다.

도형 채우기	도형 윤곽선	도형 효과
노랑	없음	그림자 – 안쪽 : 대각선 오른쪽 아래

12. 다음과 같이 도형과 이미지들을 조정하여 완성합니다.

13. 나의 일상을 담은 브이로그 썸네일이 완성되었나요?
   [파일]-[다른 이름으로 저장하기]를 선택하여 본인의 폴더를 선택한 후, 파일 이름을 '크리에이터(완성)'을 입력합니다. 이어서, <저장> 단추를 클릭합니다.

CHAPTER 12 연습문제

문제 01   ● 불러올 파일 : 연습하기 01.show   ● 완성된 파일 : 12장 연습하기 01(완성).show

그림을 삽입하여 여행일기 썸네일을 만들어 봅니다.

문제 02   ● 불러올 파일 : 연습하기 02.show   ● 완성된 파일 : 12장 연습하기 02(완성).show

동네 맛집 소개를 위한 그림을 삽입하여 썸네일을 만들어 봅니다.

문제 01 ●불러올 파일 : 중간평가 01.show   ●완성된 파일 : 중간평가 01(완성).show

불이 난 현장에 출동한 소방관들의 모습을 나타내 봅니다.

 작업 순서

1. [중간평가]-[연습하기 01]-[이미지] 폴더에서 필요한 이미지를 불러옵니다.
2. 배경 제거를 하여 필요한 부분만 나타냅니다.
3. 배경 제거한 이미지에서 원하는 그림을 자르기로 합니다.
4. 복사하여 여러 개의 불을 나타냅니다.
5. [입력] 탭-[그림]을 클릭하고 [중간평가]-[연습하기01]-[이미지] 폴더에서 '헬기'와 '소방차' 그림을 삽입합니다.
6. 크기를 조정하여 다음과 같이 소방관들이 화재 진압하는 현장을 만들어 봅니다.

문제 02 ● 불러올 파일 : 중간평가 02.show ● 완성된 파일 : 중간평가 02(완성).show

달콤한 초콜릿을 만들어 봅니다.

 **작업 순서**

1. '직사각형' 도형에 [3차원 효과]를 주어 실감 나는 초콜릿 모양을 만듭니다.
2. 초콜릿 포장지까지 만들어 지면 개체 묶기하여 크기를 조정합니다.
3. 하트 도형을 삽입한 후, [도형] 탭-[도형 효과]에서 [3차원 효과]-'3차원 효과 설정'을 클릭합니다. 이어서, [3차원 효과]-'둥글게', 너비(8pt), 높이(8pt)로 변경해 줍니다.
4. 선이나 도형을 이용해 초콜릿의 장식을 만들어 복사하여 나타냅니다.
5. 다양한 모양의 초콜릿을 자유롭게 만들어 봅니다.

국가대표 선수

● 불러올 파일 : 국가대표 선수.show   ● 완성된 파일 : 국가대표 선수(완성).show

학습목표

- 배경 속성을 변경할 수 있습니다.
- 그림에 애니메이션 효과를 줄 수 있습니다.
- 슬라이드 쇼를 실행할 수 있습니다.

오늘 배울 기능 : 배경 속성 변경하기, 애니메이션 효과 주기, 슬라이드 쇼 실행하기

완성작품 미리보기

직업소개

국가대표 선수

'국민 체육 진흥법'에서, 대한 체육회, 대한 장애인 체육회 또는 경기 단체가 친선 경기 대회를 제외한 국제 경기 대회에 우리나라의 대표로 파견하기 위하여 선발, 확정한 사람을 칭합니다. 경기에 필요한 육체적, 기술적 훈련을 하고, 경기 대회 기간에는 좋은 기록과 성적을 내기 위해 다른 선수들과 경쟁하게 됩니다. 승리의 짜릿한 순간을 위해 많은 시간을 연습하며 매 순간 힘든 훈련의 과정을 겪습니다.

01 배경 속성 변경하기

1. '국가대표 선수.show' 파일을 불러온 다음 체육관 배경을 넣기 위해 첫 번째 슬라이드를 클릭합니다. 이어서, 이미지가 없는 흰 배경에서 마우스 오른쪽 단추을 클릭하고 [배경 속성]을 클릭합니다.

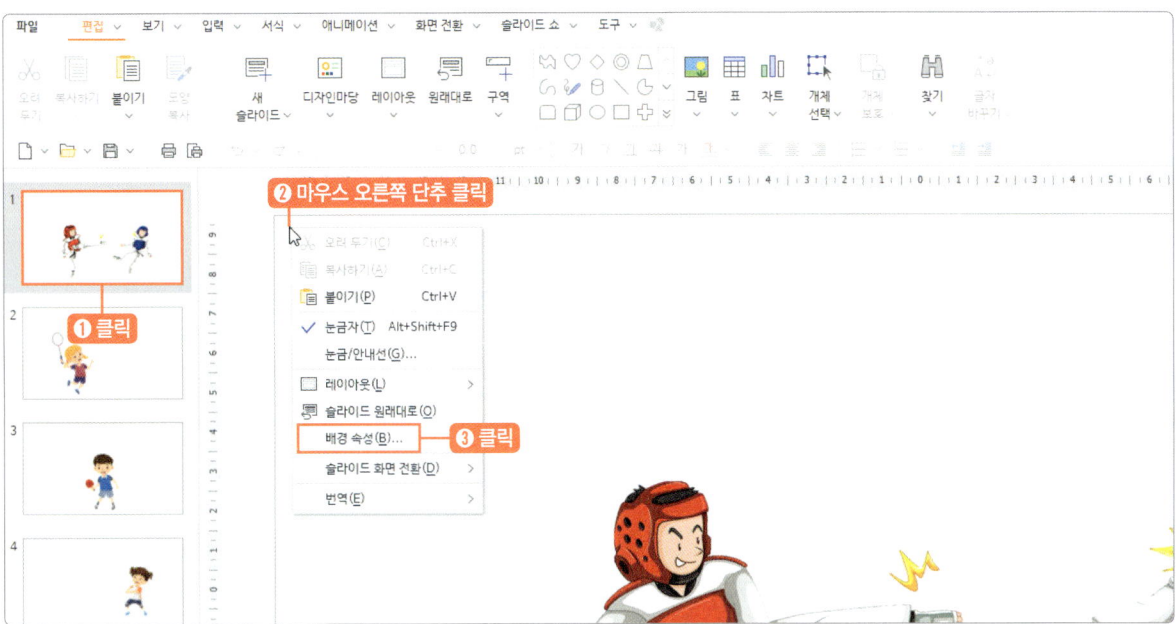

2. [배경 속성] 창에서 [채우기]-[질감/그림]-[그림]을 클릭하고 [불러올 파일]-[CHAPTER 13]-[국가대표 선수 이미지] 폴더에서 '강당.jpg' 이미지를 선택한 후, <열기> 단추를 클릭합니다. 이어서, '바둑판식 배열'을 체크 해제합니다.

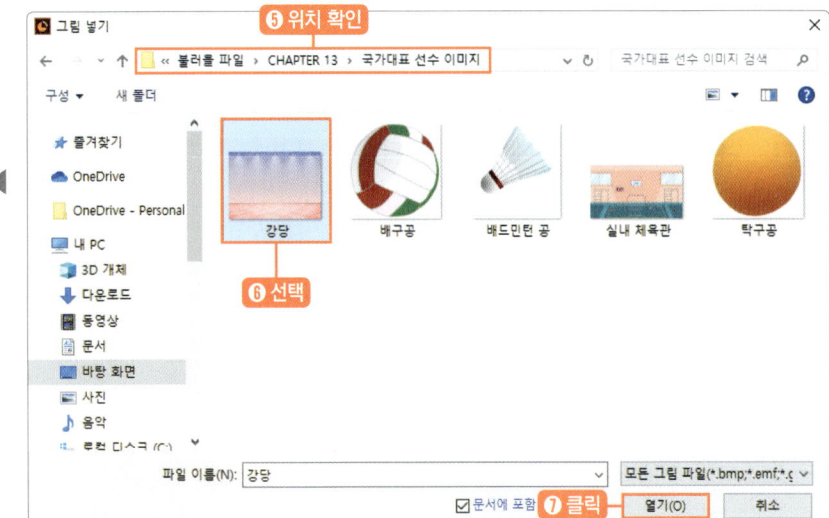

3. 나머지 슬라이드의 배경을 한꺼번에 바꾸기 위해 Ctrl 키를 누른 상태에서 '슬라이드 2 에서 4 슬라이드'를 클릭합니다. 이어서, 같은 방법으로 '실내 체육관' 이미지를 선택하여 배경을 변경합니다.

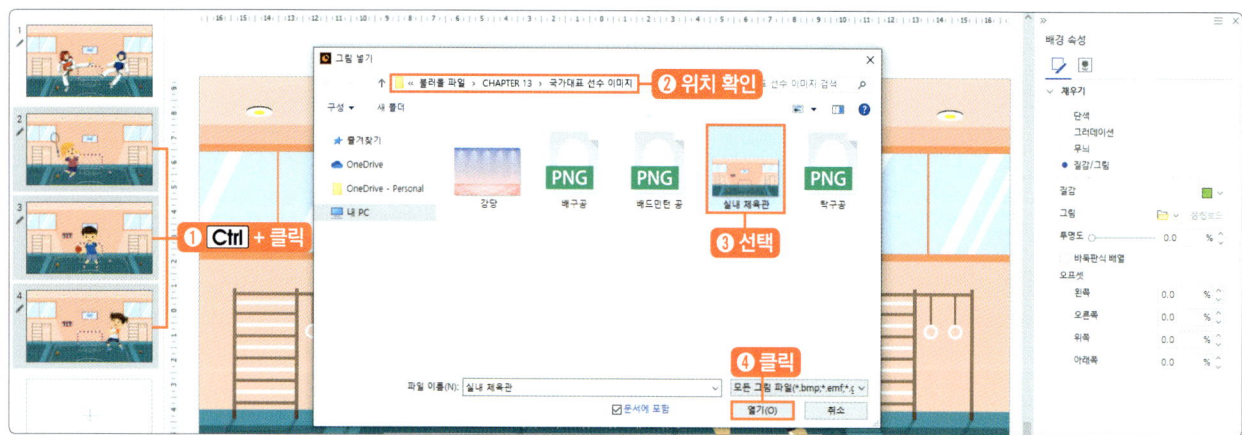

02 애니메이션 효과 주기

1. 첫 번째 슬라이드에서 '빨간 헬멧 태권도 선수' 이미지를 선택합니다. 이어서, [애니메이션] 탭-[자세히]를 클릭하고 [나타내기 다른 효과]에서 '선회비행2'를 선택한 후, <적용> 단추를 클릭합니다.

2. '파란 헬멧 태권도 선수' 이미지를 선택한 후, [애니메이션] 탭-[자세히]를 클릭하고 [나타내기 다른 효과]에서 '바운드'를 선택합니다. 이어서, [애니메이션] 탭-[애니메이션 미리 보기]를 선택하여 태권도 선수들의 애니메이션을 미리 볼 수 있습니다.

> [애니메이션] 탭-[애니메이션 미리 보기]를 선택하면 그 슬라이드에 적용된 애니메이션이 미리 보기가 됩니다.

3. '2 슬라이드'를 선택하고 배드민턴 선수에게 공을 넣어주기 위해 [입력] 탭-[그림]을 선택한 후, [CHAPTER 13]-[국가대표 선수 이미지]에서 '배드민턴 공' 이미지를 삽입합니다. 이어서, '배드민턴 공' 이미지를 슬라이드 화면 적당한 위치에 이동해 줍니다.

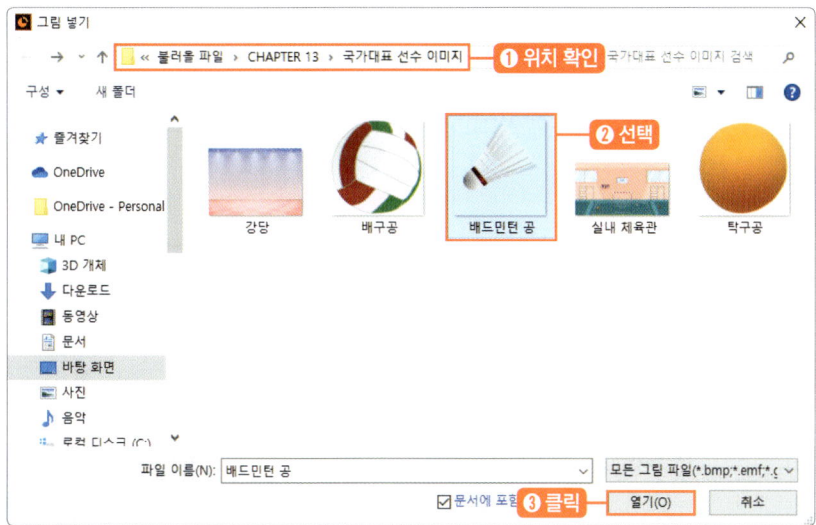

4. '배드민턴 공' 이미지를 움직이게 하기 위하여 [애니메이션] 탭에서 '이동 경로-호'를 선택합니다. 이어서, [효과 설정]에서 '위쪽'을 선택합니다.

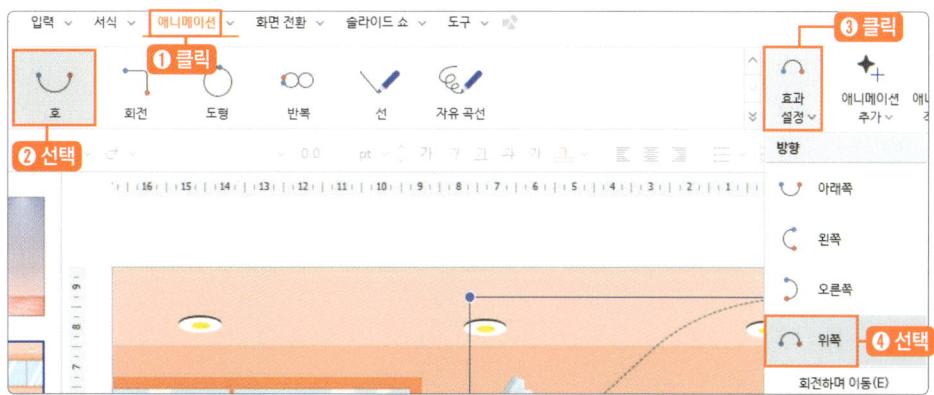

5. '배드민턴 공' 이미지가 움직일 수 있는 공간을 넓히기 위해 애니메이션의 이동 경로를 클릭한 다음 조절점을 조정합니다. 그리고 [미리 보기]를 클릭하여 확인 합니다.

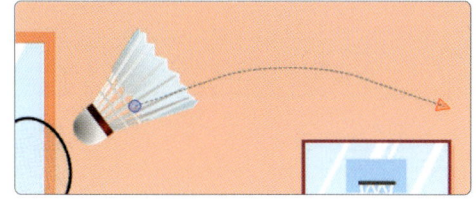
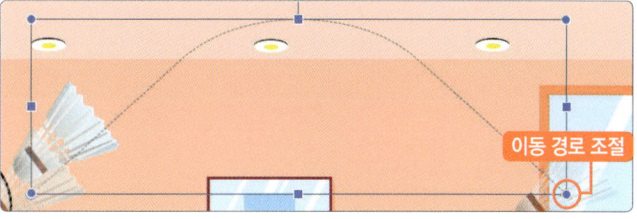

6. 같은 방법으로 다음 조건에 맞춰 이미지를 삽입한 다음 애니메이션을 적용합니다.

	검색명	이미지	애니메이션	효과 설정
세 번째 슬라이드	탁구공		[이동 경로]-[회전]	위쪽
네 번째 슬라이드	배구공		[이동 경로 다른 효과]-[스프링]	

7. 공의 애니메이션 경로의 크기를 적당한 크기로 조절합니다.

03 슬라이드 쇼 실행하기

1. [슬라이드 쇼] 탭-[처음부터]를 클릭하여 슬라이드에 적용된 애니메이션을 모두 확인합니다.

   > **TIP**
   > 슬라이드 쇼 실행을 처음부터 하기 위한 단축키는 F5 키입니다.

2. 완성되었나요? [파일]-[다른 이름으로 저장하기]를 선택하여 본인의 폴더를 선택한 후, 파일 이름을 '국가 대표 선수(완성)'을 입력합니다. 이어서, <저장> 단추를 클릭합니다.

CHAPTER 13 연습문제

문제 01 ●불러올 파일 : 연습하기 01.show   ●완성된 파일 : 13장 연습하기 01(완성).show

트램펄린 타는 아이들을 만들어 슬라이드 쇼를 실행해 봅니다.

① [CHAPTER 13]-[연습하기 01]-[이미지] 폴더에서 배경 그림을 삽입하여 배경을 넣어줍니다.
② [CHAPTER 13]-[연습하기 01]-[이미지] 폴더에서 원하는 아이 그림을 여러 개 삽입합니다.
③ 삽입된 아이 그림에 각각 애니메이션을 적용하여 자유롭게 움직이도록 합니다.
④ 슬라이드 쇼를 실행시켜 봅니다.

문제 02 ●불러올 파일 : 연습하기 02.show   ●완성된 파일 : 13장 연습하기 02(완성).show

보드 타는 사람들의 모습을 만들어 슬라이드 쇼를 실행해 봅니다.

① [CHAPTER 13]-[연습하기 02]-[이미지]- '보드 타는 사람' 이미지를 삽입합니다.
② 원하는 사람의 이미지만 자릅니다.
③ 이미지에 애니메이션 효과를 지정한 다음 슬라이드 쇼를 실행시켜 봅니다.

CHAPTER 14 드론 조종사

학습목표

- 애니메이션 타이밍을 변경할 수 있습니다.
- 애니메이션을 추가할 수 있습니다.

오늘 배울 기능 : 애니메이션 타이밍 변경하기, 애니메이션 추가하기

완성작품 미리보기

직업소개

드론 조종사

드론 조종사는 드론을 전문적으로 조종하는 사람입니다. 지상에서 원격조종을 통해 사전에 프로그램된 경로에 따라 자동 또는 반자동으로 드론을 조정합니다. 드론 조정을 하기 위해 항공기 운항에 대한 기본적인 지식과 드론에 대한 관심 그리고 드론 관련 기본적인 지식이 필요합니다. 드론 조종사로 일하려면 교통안전공단에서 초경량(무게 150㎏ 이하의 무인 비행 장치) 비행 장치 비행 자격증을 받아야 합니다. 최근 들어 무인 항공기 드론 관련 산업이 더욱 발전함에 따라 드론 조종사 직업에 관한 관심이 높아지고 있습니다.

애니메이션 타이밍 변경하기

1. 드론을 조종해 볼까요?
   '드론 조종사.show' 파일을 불러오기를 합니다. 이어서, 드론을 클릭한 다음 [애니메이션] 탭-[나타내기]-'올라오기'를 선택합니다.

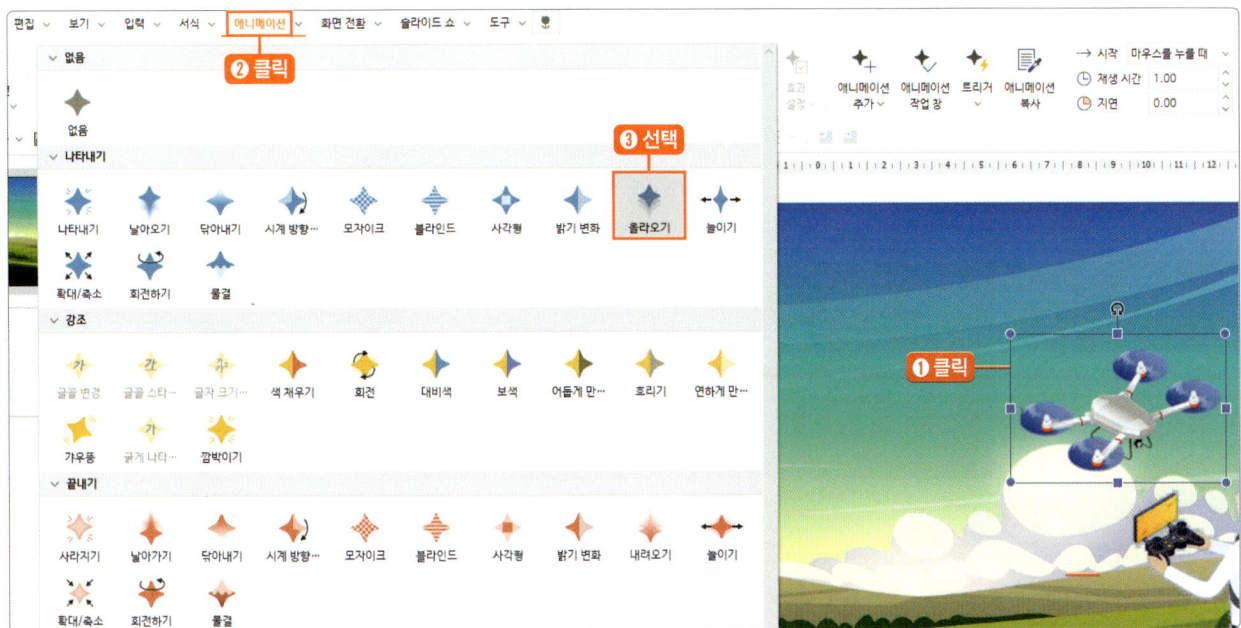

2. 애니메이션 효과의 재생 시간을 변경하기 위해 [애니메이션] 탭-[시작]을 '이전 효과와 함께'로 변경합니다. 이어서, [재생 시간]은 '02.00'으로 변경합니다.

   ※ '이전 효과와 함께'로 시작을 설정하면 슬라이드 쇼가 실행되면서 바로 애니메이션이 적용된 것을 확인할 수 있습니다. '마우스를 누를 때'로 설정하면 슬라이스 쇼가 실행이 되어도 바로 애니메이션이 시작되지 않고 클릭하거나 Enter 키나 Space Bar 키를 눌러야 애니메이션이 적용된 것을 확인할 수 있습니다.

애니메이션 추가하기

1. 드론에 애니메이션을 추가하기 위해 [애니메이션] 탭-[애니메이션 추가]를 클릭합니다.

2. 이어서, [이동 경로]-'자유 곡선'을 클릭한 다음 슬라이드에서 드론의 비행 경로를 마우스로 드래그하여 그려줍니다.

   ※ 애니메이션 경로를 끝낼 때에는 더블클릭 또는 Esc 키를 눌러줍니다.

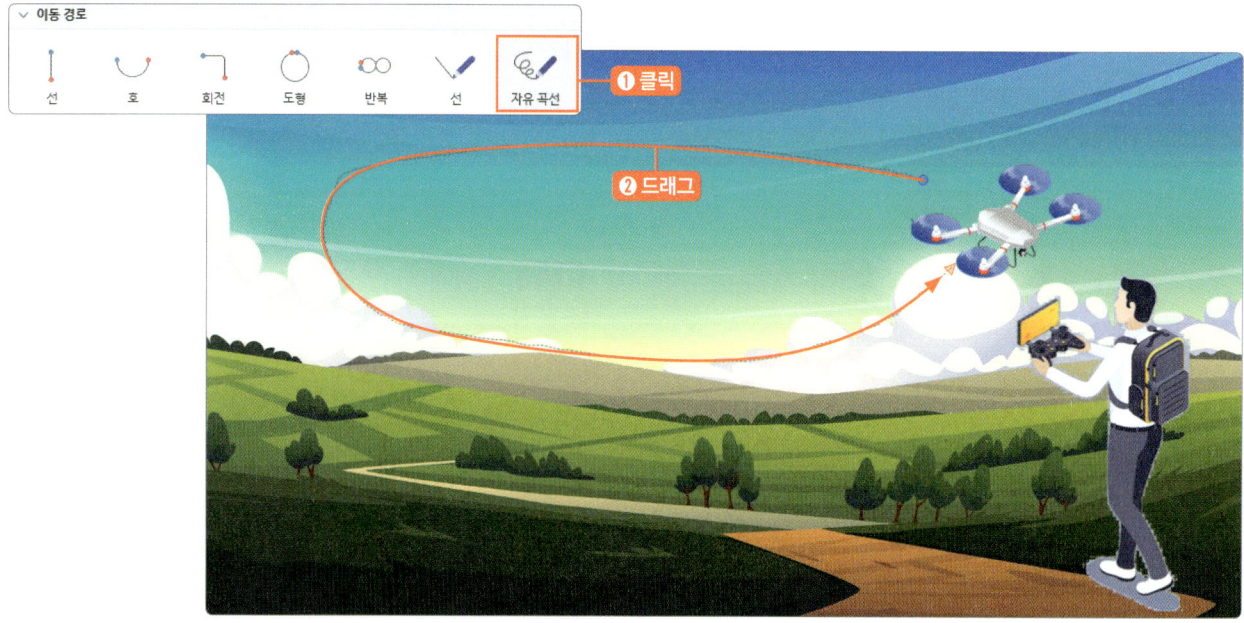

3. 애니메이션 효과의 재생 시간을 변경하기 위해 [애니메이션] 탭-[시작]을 '이전 효과 다음에'로 변경합니다. 이어서, [재생 시간]-'05.00'으로 변경합니다.

4. '드론' 이미지에 애니메이션을 추가하기 위해 [애니메이션] 탭-[애니메이션 추가]를 선택하여 [강조 다른 효과]-'매우 작게'를 선택합니다.

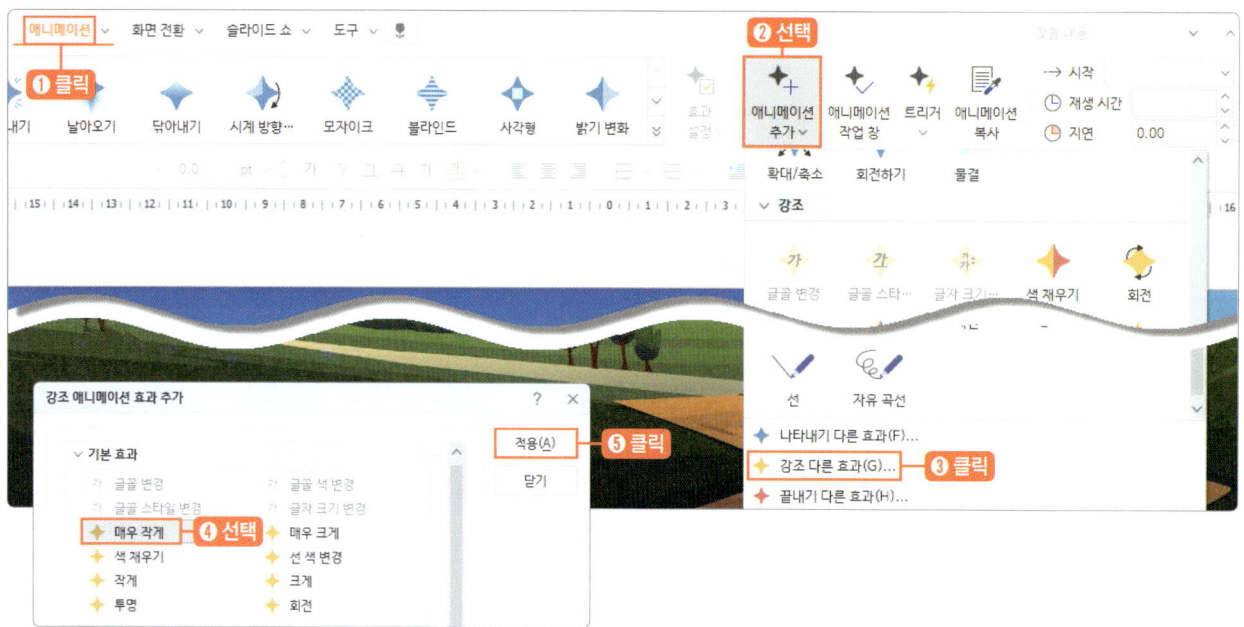

5. 애니메이션 효과의 재생 시간을 변경하기 위해 [애니메이션] 탭-[시작]-'이전 효과 다음에'로 변경합니다. 이어서, [재생 시간]-'02.00'으로 변경합니다.

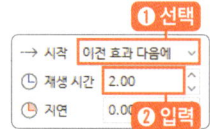

6. '드론' 이미지에 애니메이션을 추가하기 위해 [애니메이션] 탭-[애니메이션 추가]를 선택하고 [끝내기]-'날아가기'를 선택합니다.

7. 애니메이션 효과의 재생 시간을 변경하기 위해 [애니메이션] 탭-[시작]-'이전 효과 다음에'로 변경합니다. 이어서, [재생 시간]-'00.50'으로 변경합니다.

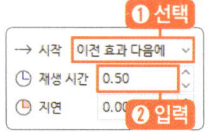

8. '드론을 조종하는 사람' 이미지를 클릭합니다. 이어서, [애니메이션] 탭-[애니메이션 추가]를 클릭한 다음 [이동 경로]-'선'을 선택한 후, [효과 설정]-'왼쪽'을 선택합니다.

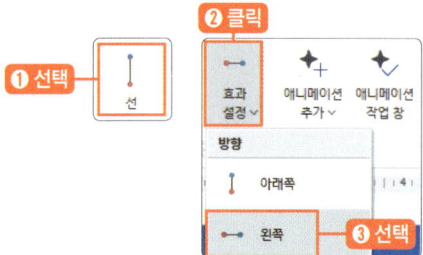

9. 애니메이션 효과의 재생 시간을 변경하기 위해 [애니메이션] 탭-[시작]-'이전 효과 다음에'로 변경합니다. 이어서, [재생 시간]-'02.00'으로 변경합니다.

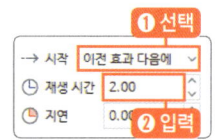

10. 말풍선을 만들기 위해 [입력] 탭-[도형]-[자세히]-'모서리가 둥근 사각형 설명선' 도형을 삽입합니다. 이어서, [도형] 탭-[도형 스타일]-[자세히]-'채우기-강조 4'를 선택합니다.

11. '드론 조종 테스트 이상 없군. 좋았어!'를 입력하고 글꼴(경기천년제목 Light), 글자 색(검정), 크기(24pt)로 설정합니다.

12. 말풍선을 클릭하고 [애니메이션] 탭-'블라인드'를 선택합니다.

13. 애니메이션 효과의 재생 시간을 변경하기 위해 [애니메이션] 탭-[시작]-'이전 효과 다음에'로 변경합니다.

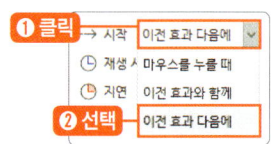

14. 적용된 애니메이션을 확인하기 위해 [슬라이드 쇼] 탭-[처음부터]를 클릭한 후, 슬라이드 쇼를 실행 시켜 봅니다.

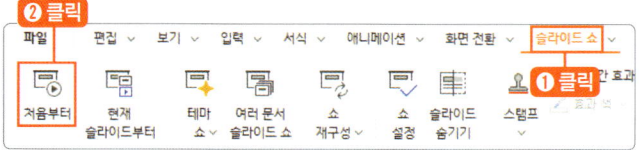

15. 완성되었나요? [파일]-[다른 이름으로 저장하기]를 선택하여 본인의 폴더를 선택한 후, 파일 이름을 '드론 조종사(완성)'을 입력합니다. 이어서, <저장> 단추를 클릭합니다.

CHAPTER 14 연습문제

문제 01 ● 불러올 파일 : 연습하기 01.show ● 완성된 파일 : 14장 연습하기 01(완성).show

목적지까지 잘 도착할 수 있도록 애니메이션을 넣어 완성해 봅니다.

① [CHAPTER 14]-[연습하기 01]-[이미지] 폴더에서 원하는 자동차 이미지를 삽입합니다.

② 자동차 이미지 위에 [입력] 탭-[자세히]를 클릭하고 [설명선]-'타원형 설명선'을 삽입한 후, '출발'을 입력한 다음 '색 채우기'를 합니다.

③ '타원형 설명선' 도형에 [애니메이션] 탭에서 [나타내기] 중 하나를 선택합니다. 이어서, [애니메이션 추가]-[끝내기] 중 하나를 선택합니다.

④ [애니메이션 추가]-[이동 경로]-'자유 곡선'을 선택하여 원하는 목적지까지 지정해 줍니다. 이어서, 추가로 애니메이션을 자유롭게 나타냅니다.

⑤ [애니메이션] 탭-[애니메이션 작업창]을 클릭합니다. 이어서, 첫 애니메이션을 제외하고 [타이밍]을 '이전 효과 다음에'로 모두 지정해줍니다.

⑥ 같은 방법으로 다른 자동차도 추가하여 애니메이션을 지정합니다.

⑦ 슬라이드 쇼를 실행하여 작품을 완성해 봅니다.

CHAPTER 15 홀로그램 전문가

● 불러올 파일 : 홀로그램 전문가.show   ● 완성된 파일 : 홀로그램 전문가(완성).show

학습목표

- 슬라이드 복제를 할 수 있습니다.
- 화면 전환 효과를 줄 수 있습니다.
- 배경 음악을 넣을 수 있습니다.

오늘 배울 기능 : 슬라이드 복제하기, 화면 전환 효과 주기, 음악 삽입하기

완성작품 미리보기

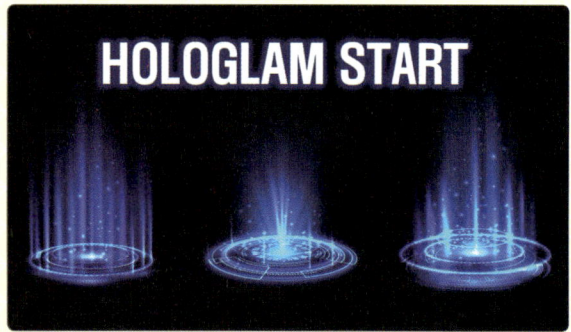

직업 소개

홀로그램 전문가

홀로그램은 3차원 입체영상을 2차원 평면 스크린에 나타내는 것으로 바닥에 촌 영상이 필름에 반사되어 보이는 기술을 이용한 원리입니다. 실제와 구별이 안 될 정도로 입체적인 영상을 제작하는 사람들이 홀로그램 전문가입니다. 영상이나 공연 등의 문화 콘텐츠에 많이 이용되며 오디오, 영상, 컴퓨터그래픽, 시스템 설계 등의 다양한 분야에 협력하기도 합니다. 최근에는 인공지능 기술과의 접목을 통해 관련 직업이 더 늘어날 것으로 예상됩니다.

01 슬라이드 복제하기

1. '홀로그램 전문가.show'를 불러온 다음 세 번째 슬라이드를 복제하기 위해 슬라이드를 선택합니다. 이어서, 마우스 오른쪽 단추를 눌러 '선택한 슬라이드 복제'를 두 번 클릭합니다.

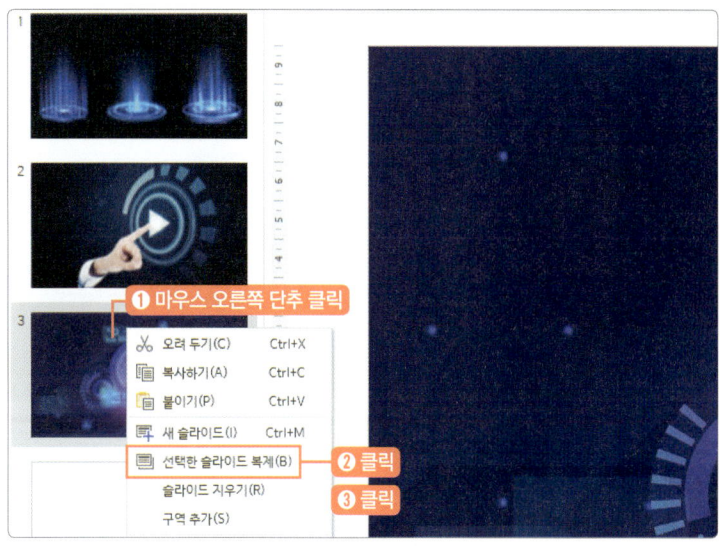

> **TIP**
>
> **슬라이드 복제 단축키를 알아봅니다.**
> 복제할 슬라이드를 선택한 뒤, Ctrl + D 키를 누르면 슬라이드가 복제됩니다.

2. 첫 번째 슬라이드에서 [입력] 탭-[워드숍]-'윤곽-강조 4, 반사-근접(1/2 크기), 네온'을 선택한 후, 'HOLOGLAM START'를 입력합니다.

3. 입력된 워드숍을 글꼴(HY헤드라인M), 글자 크기(80pt), 진하게, 그림자로 설정해 줍니다.

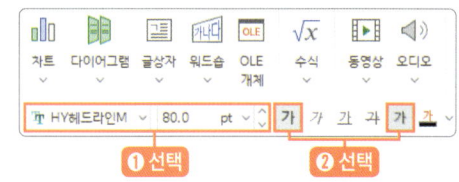

4. [도형] 탭-[글자 효과]-[네온]-'강조색 1, 15pt'로 설정해 줍니다.

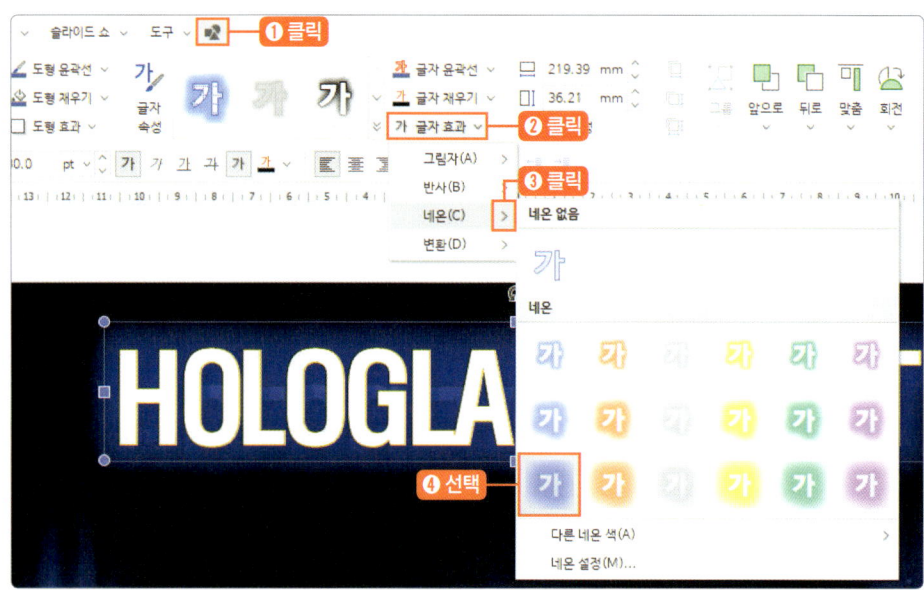

02 슬라이드 꾸미기

1. 워드숍을 클릭하고 [애니메이션] 탭-[자세히]-[나타내기 다른 효과]에서 '실선 무늬'를 선택한 후, [시작]-'이전 효과와 함께'로 지정하고 [재생 시간]-'02.00'으로 지정합니다.

2. 애니메이션을 추가하기 위해 [애니메이션] 탭-[애니메이션 추가]를 클릭한 다음 [강조 다른 효과]-'물결'을 지정합니다.

3. [애니메이션] 탭-[시작]-'이전 효과 다음에'로 정하고 [재생 시간]-'00.50'으로 지정합니다.

4. 슬라이드 작업 창에서 세 번째 슬라이드를 클릭합니다.

5. [입력] 탭-[그림]에서 [불러올 파일]-[CHAPTER 15]-[홀로그램 전문가]-'홀로그램1.jpg'를 삽입하고 다음과 같이 배치합니다.

6. 삽입된 '홀로그램1' 이미지에 [그림] 탭-[그림 수정]에서 '밝기: +20% 대비: +40%'를 선택합니다.

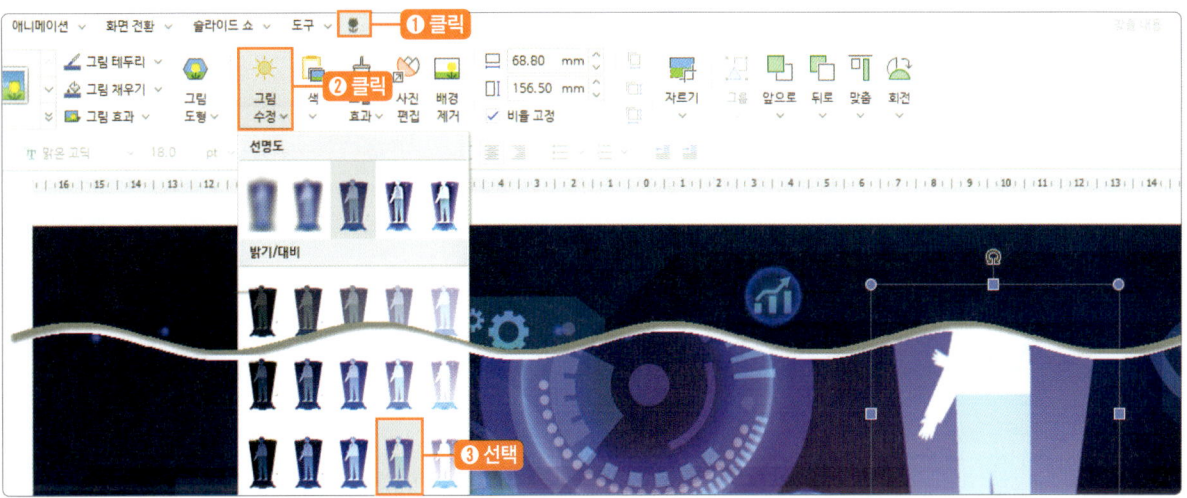

7. [입력] 탭-[도형]-[자세히]-'모서리가 둥근 사각형 설명선'을 선택하고 '안녕하세요'를 입력합니다. 이어서, 도형의 크기와 말풍선 모양을 조절합니다.

8. [도형] 탭-[도형 채우기]-'하양', 투명도(50%)로 선택하고 [도형 윤곽선]-'없음'을 선택한 후, [도형 효과]-[네온]-'강조색 4, 15pt'를 지정합니다.

[개체 속성] - [투명도]

도형에서 마우스 오른쪽 단추를 클릭하고 [개체 속성]을 선택한 후, [채우기]에서 [투명도]를 지정할 수 있습니다.

9. '홀로그램1' 이미지를 클릭하고 [애니메이션] 탭-[나타내기]-'닦아내기'를 선택합니다.

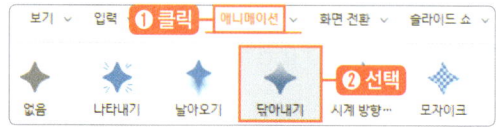

10. [애니메이션] 탭-[시작]-'이전 효과와 함께'로 변경하고 [재생 시간]-'00.50'으로 변경합니다.

11. '모서리가 둥근 사각형 설명선'을 선택합니다. 이어서, 애니메이션을 추가하기 위해 [애니메이션] 탭-[자세히]-[나타내기 다른 효과]-'실선 무늬'를 지정합니다.

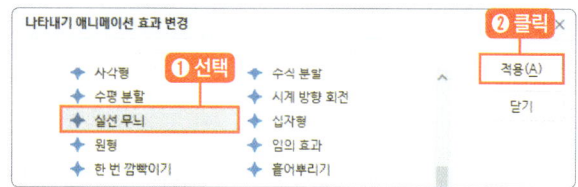

12. 애니메이션 효과의 재생 시간을 변경하기 위해 [애니메이션] 탭-[시작]-'이전 효과 다음에'로 변경하고 [재생 시간]-'00.50'으로 변경합니다.

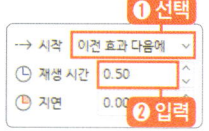

13. 같은 방법으로 아래 조건표를 참고하여 네 번째 슬라이드에 작업해 봅니다.
    ※ 도형에 '반가워요!'를 입력

삽입 그림	그림 효과	삽입 도형	도형 채우기	도형 윤곽선	도형 효과
홀로그램2	밝기: +20% 대비: +40%	모서리가 둥근 사각형 설명선	하양, 투명도 (50%)	없음	[네온]-강조색 5, 15pt

14. '홀로그램1' 이미지와 동일한 방법으로 다음 표를 참고하여 애니메이션 효과 및 타이밍을 설정합니다.

	홀로그램2	모서리가 둥근 사각형 설명선
애니메이션	[나타내기]-'닦아내기'	[나타내기 다른 효과]-'튀기기'
시작	'이전 효과와 함께'	'이전 효과 다음에'

15. 같은 방법으로 아래 조건표를 참고하여 다섯 번째 슬라이드를 작업해 봅니다.
※ 도형에 '드디어 우리가 모두 만났네요. 이날을 기다렸어요.'를 입력

삽입 그림	그림 효과	삽입 도형	도형 채우기	도형 윤곽선	도형 효과
홀로그램3	밝기: +20% 대비: +40%	모서리가 둥근 사각형 설명선	하양, 투명도 (50%)	없음	[네온]- 강조색 2, 15pt

16. '홀로그램2' 이미지와 동일한 방법으로 아래 조건표를 참고하여 애니메이션 효과 및 타이밍을 설정합니다.

	홀로그램3	모서리가 둥근 사각형 설명선
애니메이션	[나타내기]-'닦아내기'	[나타내기 다른 효과]-'실선무늬'
시작	'이전 효과와 함께'	'이전 효과 다음에'

03 화면 전환 효과주기

1. 슬라이드 창에서 첫 번째 슬라이드를 클릭합니다. 이어서, [화면 전환] 탭-[자세히]-'커튼'을 선택합니다.

2. 각 슬라이드 마다 아래와 같이 화면 전환 효과를 줍니다.

두 번째 슬라이드	세 번째 슬라이드	네 번째 슬라이드	다섯 번째 슬라이드
'블라인드'	'타일 조각 회전'	'폭발'	'깨뜨리기'

04 배경 음악 삽입하기

1. [입력] 탭-[오디오]를 선택합니다.

2. [불러올 파일]-[CHAPTER 15]-[홀로그램 전문가]-'홀로그램 배경 음악' 파일을 선택한 후, 슬라이드에 삽입 시킵니다.

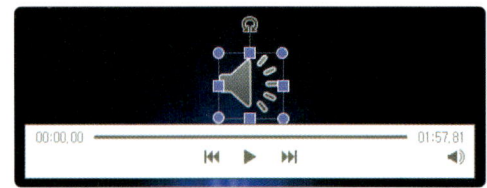

3. [오디오] 탭-'배경에서 계속 재생'을 클릭합니다. 이어서, [시작]-'자동 실행'을 선택하고 '쇼 동안 숨기기'를 체크합니다.

4. 슬라이드 쇼를 실행시키면 음악이 나오고 화면 전환 효과가 적용된 것을 확인할 수 있습니다.

5. [파일]-[다른 이름으로 저장하기]를 선택하여 본인의 폴더를 선택한 후, 파일 이름을 '홀로그램 전문가(완성)'을 입력합니다. 이어서, <저장> 단추를 클릭합니다.

CHAPTER 15 연습문제

문제 01 ● 불러올 파일 : 연습하기 01.show   ● 완성된 파일 : 15장 연습하기 01(완성).show

배경 음악과 전환 효과를 넣어 서커스 공연 슬라이드 쇼를 완성해 봅니다.
※ 두 번째, 세 번째 슬라이드는 복제하여 총 5장의 슬라이드를 만듭니다.
※ [불러올 파일]-[연습하기 01]폴더에서 광대를 삽입합니다.
※ 첫 번째 슬라이드에 사회자의 인사말을 삽입합니다.

① 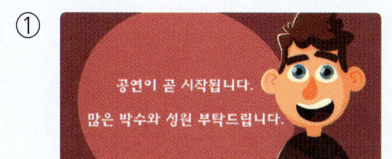 ②  ③

④  ⑤

문제 02 ● 불러올 파일 : 없음   ● 완성된 파일 : 15장 연습하기 02(완성).show

배경 음악과 전환 효과를 넣어 환경 보호 슬라이드 쇼를 완성해 봅니다.
※ 새 프레젠테이션에서 슬라이드를 여러 장 추가하고, [불러올 파일]-[연습하기 02] 폴더에서 그림과 배경 음악을 삽입합니다.

CHAPTER 16 게임 시나리오 작가

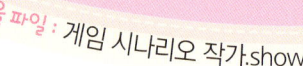 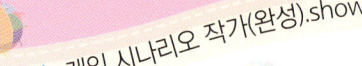

● 불러올 파일 : 게임 시나리오 작가.show   ● 완성된 파일 : 게임 시나리오 작가(완성).show

학습목표

- 워드숍에 네온 효과를 변경할 수 있습니다.
- 다이어그램을 삽입할 수 있습니다.
- 다이어그램의 서식을 변경할 수 있습니다.

오늘 배울 기능 : 워드숍에 네온 효과 주기, 다이어그램 삽입 및 서식 변경하기

완성작품 미리보기

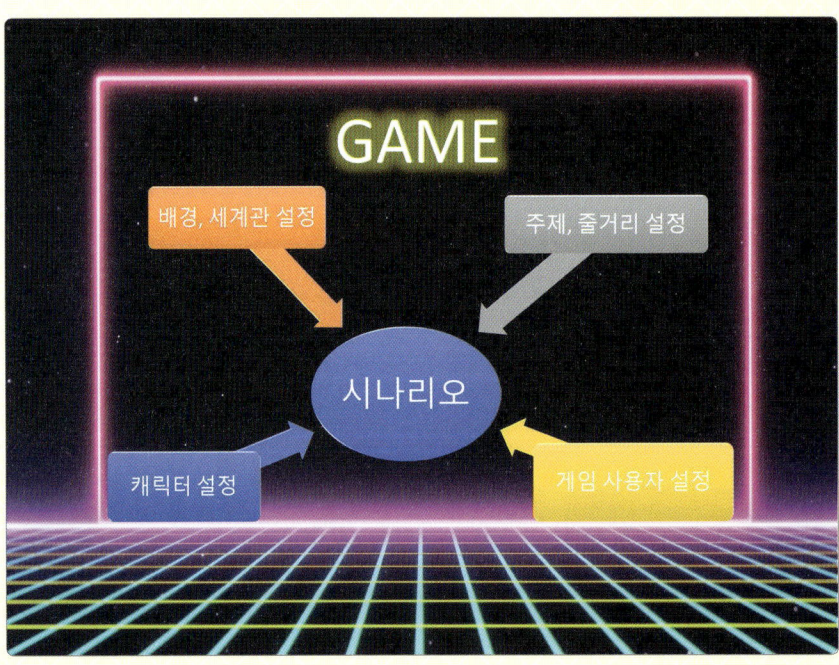

직업 소개

게임 시나리오 작가

게임 시나리오 작가는 게임의 배경이 되는 이야기를 만들며 맵, 캐릭터 등 게임의 전반적인 레이아웃을 결정하게 됩니다. 우리가 게임에 빠져드는 이유는 멋진 캐릭터와 이야기가 있기 때문입니다. 게임 시나리오가 있어야 그것을 바탕으로 프로그램을 짜고 게임 화면도 그릴 수 있답니다. 게임할 때 나오는 대사, 액션, 상황, 이벤트 연출도 담당합니다. 게임 시나리오 작가는 다양한 자료를 읽거나 조사하며, 게임 시장의 동향을 파악하여 새로운 게임 소재를 발굴합니다.

01 워드숍에 네온 효과 옵션 변경하기

1. '게임 시나리오 작가.show'를 불러옵니다.

2. 다음 그림과 같은 파일이 열립니다.

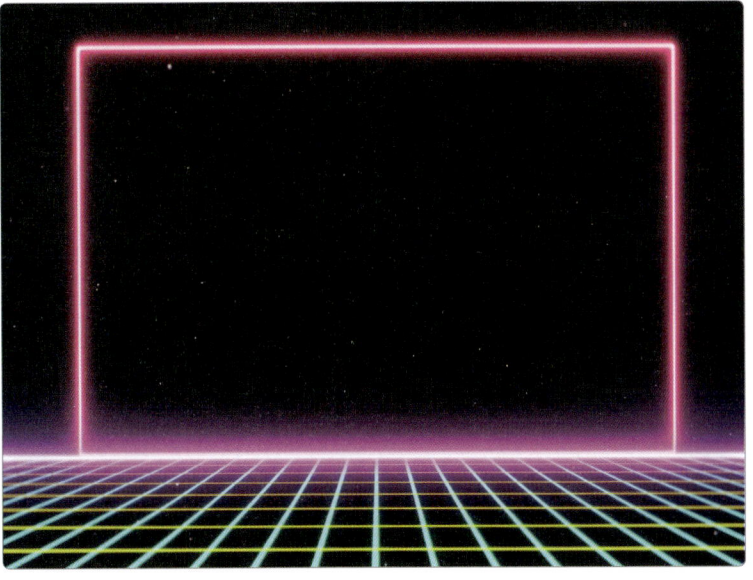

3. [입력] 탭-[워드숍]-'채우기 – 강조 4(밝은 계열, 그러데이션), 윤곽 – 강조 4'를 선택한 후, 'GAME'을 입력합니다.

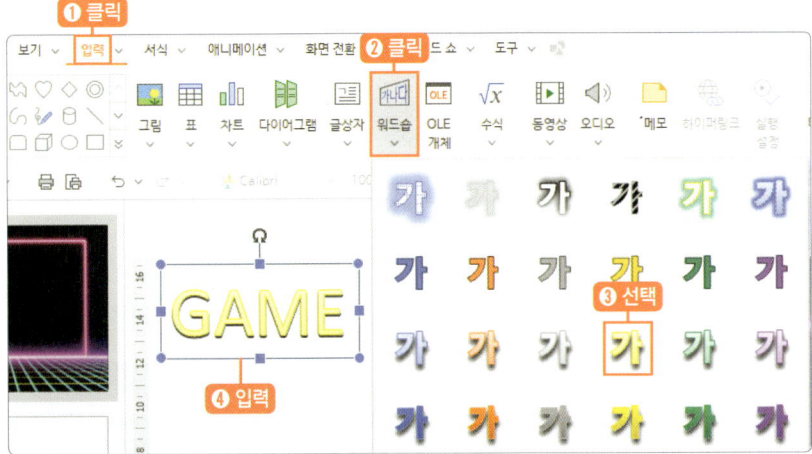

4. [도형] 탭-[글자 윤곽선]-'노랑'을 지정하고 [글자 채우기]-'하양'을 지정합니다.

5. 워드숍에 네온 효과를 주기 위해 [도형] 탭-[글자 효과]-[네온]에서 '강조색 4, 15pt'를 선택합니다. 이어서, 글자 크기(100pt)와 위치를 조절합니다.

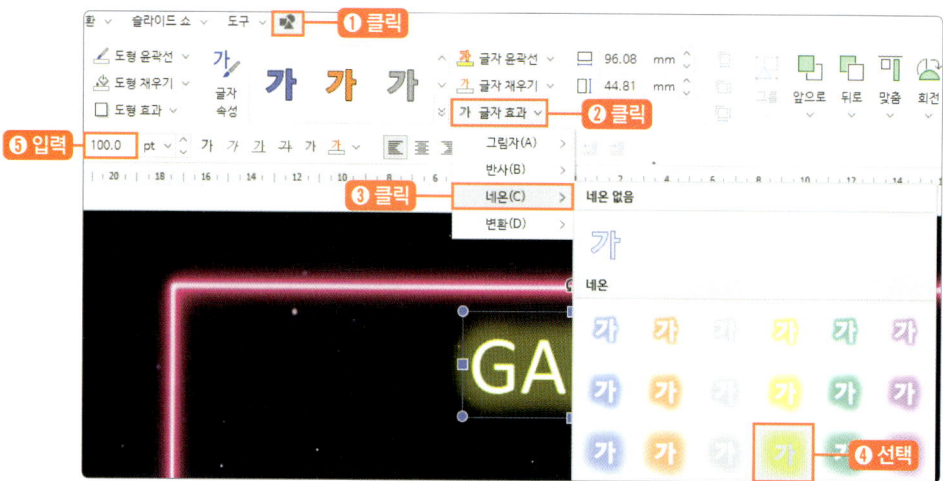

02 다이어그램 삽입 및 서식 변경

1. 다이어그램을 삽입하기 위해 [입력] 탭-[다이어그램]을 클릭하고 '다항 수렴형'을 선택합니다.

2. 다음과 같이 슬라이드에 [다이어그램]이 삽입된 것을 확인할 수 있습니다.

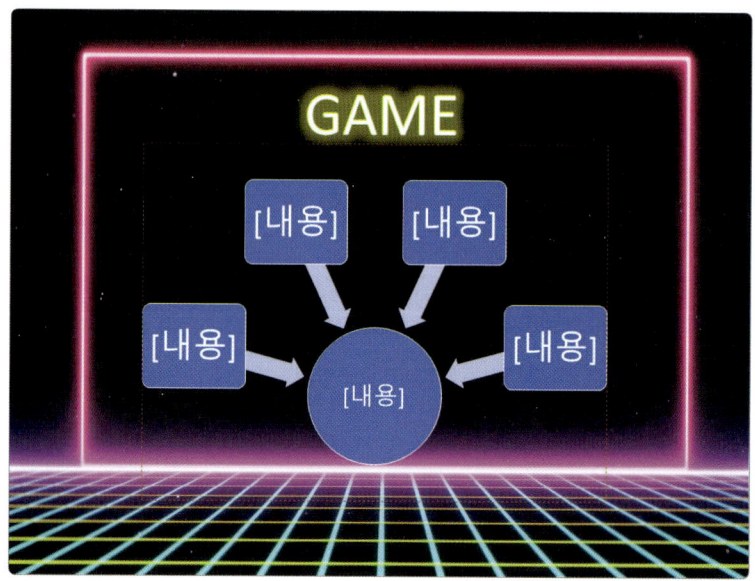

3. 이어서, 다이어그램 텍스트 창에 글자를 입력합니다.

4. 도형의 조절점을 드래그하여 크기를 조절하고 다음과 같이 배치합니다.

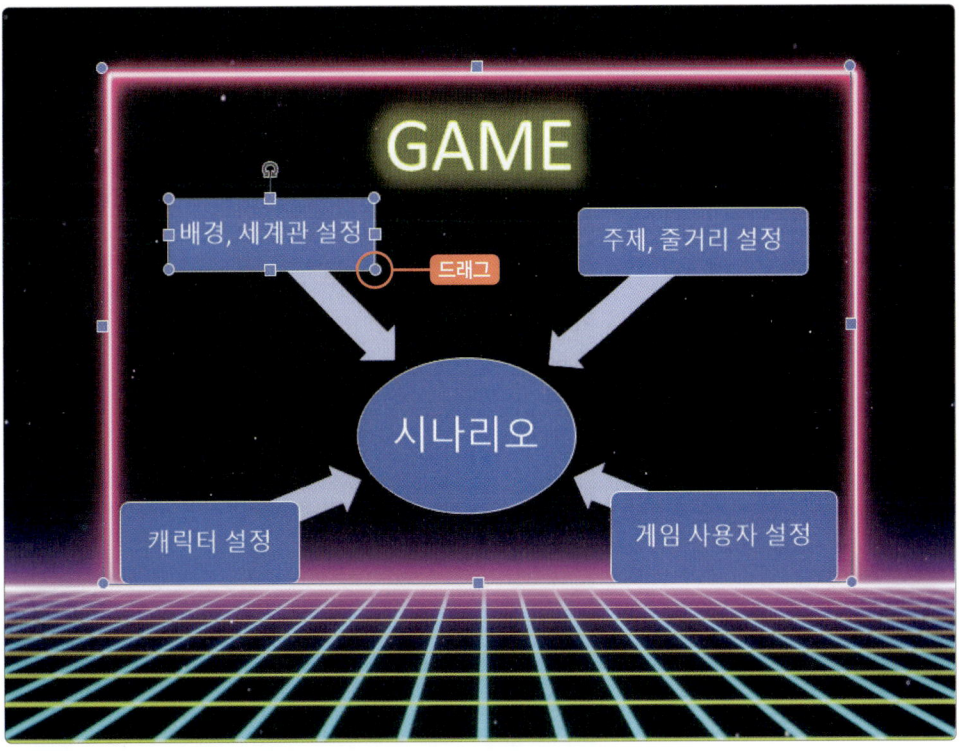

5. [다이어그램] 탭-[색 변경]-'색 조합 – 강조색 반복'을 선택합니다.

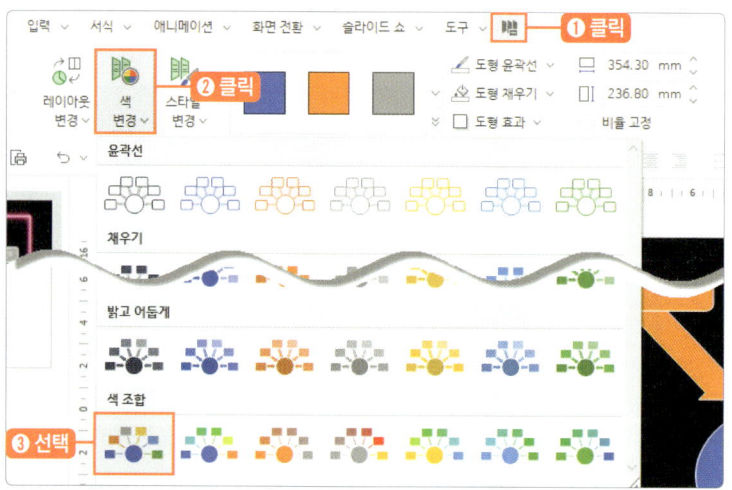

6. [다이어그램] 탭-[스타일 변경]-'광택 볼록 효과'를 선택합니다.

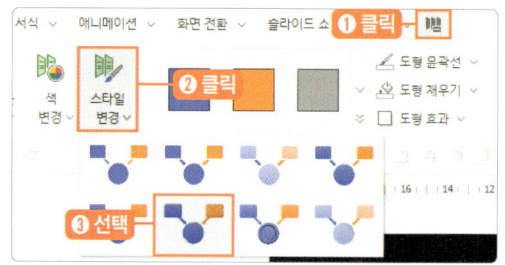

7. 다이어그램의 색과 스타일이 변경된 것을 확인합니다.

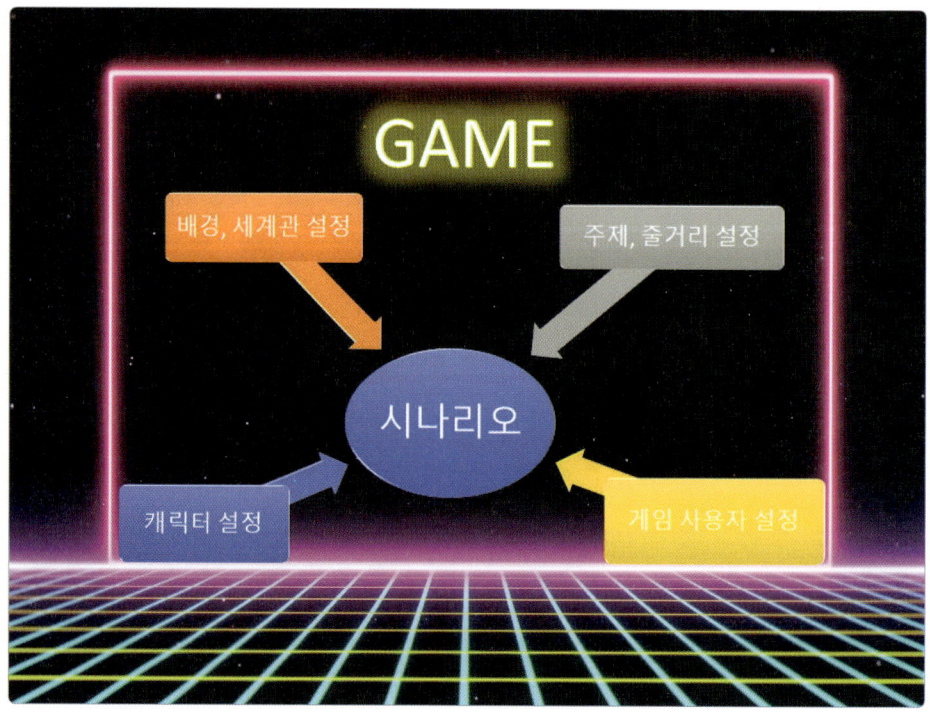

8. [파일]-[다른 이름으로 저장하기]를 선택하여 본인의 폴더를 선택한 후, 파일 이름을 '게임 시나리오 작가(완성)'을 입력합니다. 이어서, <저장> 단추를 클릭합니다.

CHAPTER 16 연습문제

문제 01   ●불러올 파일 : 연습하기 01.show   ●완성된 파일 : 16장 연습하기 01(완성).show

임산부가 먹어서 좋은 음식을 알아봅니다.

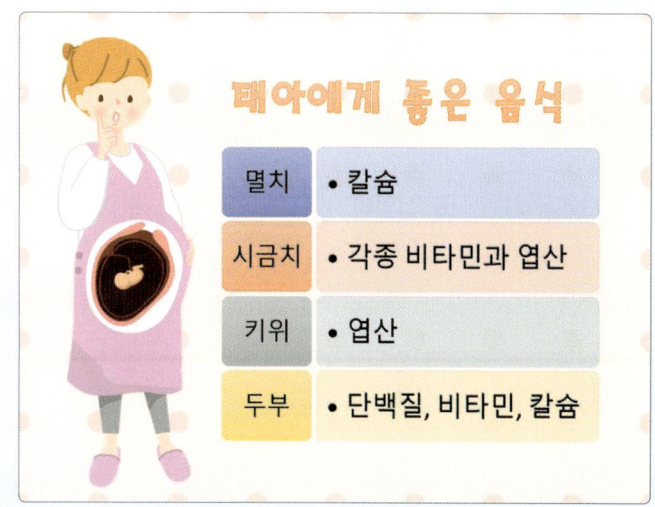

멸치	칼슘
시금치	각종 비타민과 엽산
키위	엽산
두부	단백질, 비타민, 칼슘

① [입력] 탭-[다이어그램]-'세로 설명 목록형'을 삽입한 후, 위의 표 내용을 입력합니다.
② [입력] 탭-[워드숍]을 삽입한 후, '태아에게 좋은 음식'을 입력합니다.

문제 02   ●불러올 파일 : 연습하기 02.show   ●완성된 파일 : 16장 연습하기 02(완성).show

나비의 한 살이 과정을 알아봅시다.
※ [입력] 탭-[다이어그램]'원형 순환형' 삽입

영양사

● 불러올 파일 : 영양사.show   ● 완성된 파일 : 영양사(완성).show

학습목표

- 표 삽입을 할 수 있습니다.
- 표 스타일을 적용할 수 있습니다.
- 모양 복사를 할 수 있습니다.

오늘 배울 기능 : 표 삽입하기, 표 스타일 적용, 모양 복사하기

완성작품 미리보기

직업 소개

영양사

영양사는 지속적으로 영양 지식과 기술의 습득으로 전문능력을 향상시켜 국민 영양 개선 및 건강 증진을 위하여 노력하는 일을 합니다. 식단에 필요한 양을 산출하여 재료를 구하고, 재료의 품질 상태 및 조리 방법을 확인합니다. 식품의 신선도와 함유 열량을 계산하고 섭취해야 할 영양소의 양을 분석하기도 합니다.

01 표 삽입하기

1. '영양사.show'를 불러온 다음 [입력] 탭-[표(⊞)]를 선택합니다.

2. 줄(5), 칸(1)을 드래그해서 표를 만듭니다.

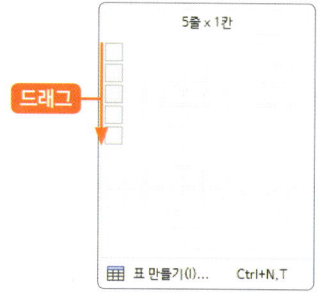

> **TIP**
>
> [입력] 탭-[표]-[표 만들기]를 클릭한 다음 [표 만들기] 대화상자가 나오면 줄 개수와 칸 개수를 입력한 후, <확인> 단추를 클릭하여 표를 삽입하는 방법도 있습니다.
> – 가로(칸), 세로(줄)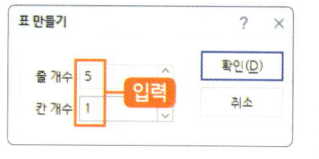

3. [표 레이아웃] 탭에서 표의 크기를 높이(130mm), 너비(75mm)로 변경합니다. 이어서, 아래의 그림을 참고하여 표의 위치도 조절합니다.
   - 표 모서리의 크기 조절점으로 조절하여도 됩니다.

4. 표를 복사하기 위해서 표의 테두리에 마우스를 가져간 다음 Ctrl + Shift 키를 누르면서 오른쪽으로 드래그 합니다. 총 3개의 표를 만들어 줍니다.

02 표 스타일 적용하기

1. 왼쪽 첫 번째 표를 선택하고 [표 디자인] 탭-[표 스타일]-[자세히] 단추를 클릭하여 '보통 스타일 2 – 강조 4'를 선택 합니다.

2. 다음과 같이 표 스타일을 모두 바꿔줍니다.
   - '보통 스타일 2- 강조 2' 와 '보통 스타일 2- 강조 5'

3. 다음 그림과 같이 내용을 입력합니다.

03 서식 복사하기

1. 표 테두리를 선택한 상태에서 [표 레이아웃] 탭-[내용 정렬]-'중간'을 클릭한 다음 '가운데 정렬'을 클릭합니다. 같은 방법으로 나머지 표도 정렬을 합니다.

2. 표 테두리를 선택한 상태에서 글꼴(휴먼엑스포)를 지정합니다. 이어서, 첫 번째 표의 첫 행은 글자 크기(32pt), 그림자로 지정하고 나머지 행은 글자 크기(25pt), '노랑 25% 어둡게'로 지정합니다.

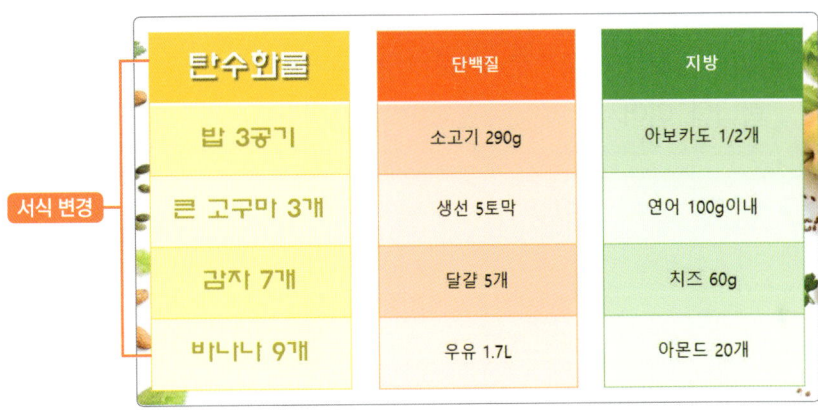

CHAPTER 17 영양사 • 121

3. 첫 번째 표의 첫 번째 행 '탄수화물'을 클릭하고 [편집] 탭-'모양 복사'를 선택합니다.

4. 마우스 포인터의 모양이 스포이트 모양으로 바뀐 것을 확인할 수 있습니다. 이어서, 두 번째 표의 첫 번째 행 '단백질'을 드래그합니다. 같은 방법으로 '지방' 글자도 서식을 변경합니다.

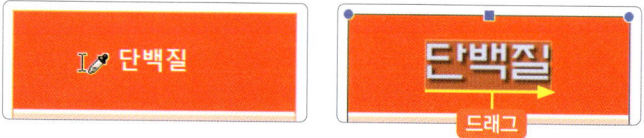

5. 첫 번째 표의 2~5번의 행을 드래그 합니다. 이어서, [편집] 탭-'모양 복사'를 선택하여 나머지 표의 2~5번 행들을 모양 복사하여 아래와 같이 변경합니다.

6. 두 번째 표의 2~5번의 행은 글자 색(주황 25% 어둡게)로 설정하고, 세 번째 표의 2~5번의 행은 글자 색 (초록 25% 어둡게)로 설정합니다.

7. [파일]-[다른 이름으로 저장하기]를 선택하여 본인의 폴더를 선택한 후, 파일 이름을 '영양사(완성)'을 입력합니다. 이어서, <저장> 단추를 클릭합니다.

CHAPTER 17 연습문제

문제 01 ●불러올 파일 : 연습하기 01.show   ●완성된 파일 : 17장 연습하기 01(완성).show

아래의 조건을 참고하여 완성해 봅니다.

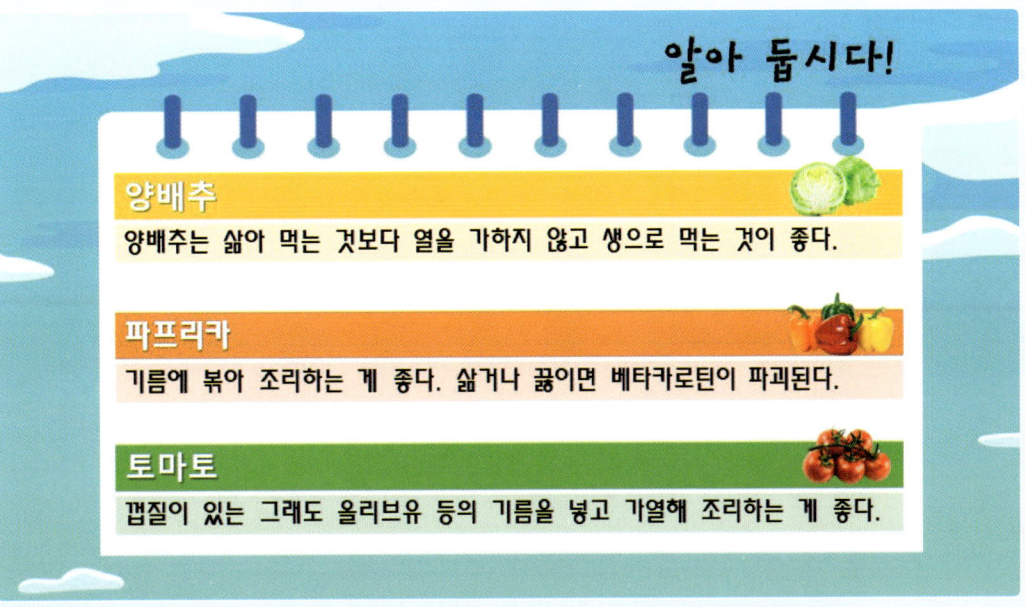

① [입력] 탭에서 [표]를 선택하여 2×1 표를 3개 삽입한 후, 위치와 크기를 알맞게 조절합니다.

② [표 디자인] 탭에서 <자세히> 단추를 클릭하여 원하는 스타일을 적용합니다.

③ 내용을 입력합니다.

④ 첫 번째 행 : 글꼴(휴먼모음T), 크기(22pt), 진하게, 그림자, 글자 색(하양)을 적용합니다.

⑤ 첫 번째 행을 모양 복사 하여 나머지 표의 첫 번째 행을 모양 변경합니다.

⑥ 두 번째 행을 글꼴(휴먼모음T), 크기(18pt), '검정'을 적용합니다.

⑦ 두 번째 행을 모양 복사 하여 나머지 표의 두 번째 행을 모양 변경합니다.

⑧ [입력] 탭-[그림]을 클릭하고 '양배추', '파프리카', '토마토' 그림을 삽입한 후, 그림의 크기와 위치를 조절합니다.

반려 동물 관리사

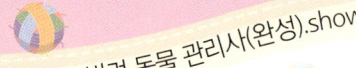

- 표의 서식을 변경할 수 있습니다.
- 셀 합치기, 셀 나누기를 할 수 있습니다.
- 표 테두리를 변경할 수 있습니다.

오늘 배울 기능 : 셀 합치기, 셀 나누기, 표 속성 변경하기, 표 테두리 변경하기

완성작품 미리보기

직업 소개

반려 동물 관리사

기본적으로 동물들에게 음식과 물을 주고, 사용하는 장비와 동물의 생활 공간을 깨끗하게 유지시켜주는 일을 하며, 동물을 모니터링하고 식습관, 신체 상태 및 행동에 대한 세부사항을 기록합니다. 질병 또는 부상의 징후를 검사하고 운동을 시키며 목욕을 시키는 등 반려동물을 체계적으로 돌봐주는 일을 합니다. 대부분 관련 분야에 학사학위가 필요하며 꾸준히 동물들에 대해 연구하고 동물들에게 도움이 되도록 노력해야 하는 직업입니다.

01 표 서식 변경하기

1. [파일]-[불러오기]를 클릭합니다. 이어서, [불러올 파일]-[CHAPTER 18]-'반려 동물 관리사.show'를 선택한 후, <열기> 단추를 클릭하여 파일을 불러옵니다.

2. [입력] 탭-[표]-[표 만들기]를 클릭하여 칸 개수(3), 줄 개수(4) 표를 만듭니다.

3. 다음 그림과 같이 적당한 위치에 크기를 조절합니다.

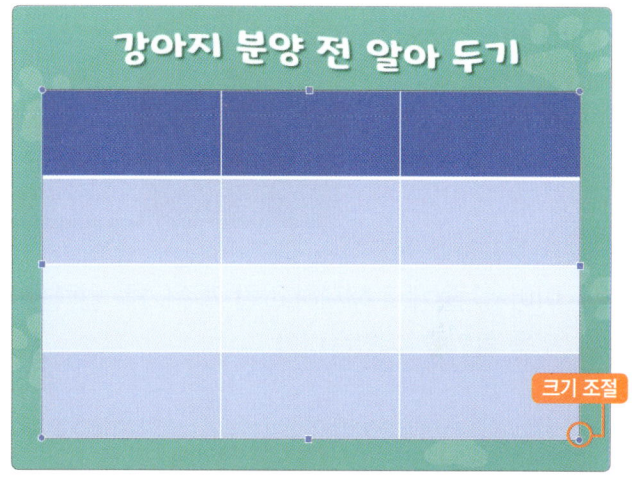

4. [표 디자인] 탭에서 '머리말 행'과 '첫째 열'만 체크 표시하여 서식을 변경합니다.

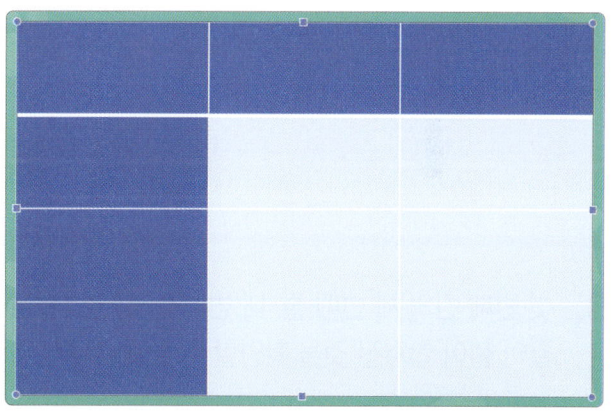

5. 표 테두리를 클릭한 상태에서 [표 디자인] 탭-[표 디자인]-[자세히] 단추를 클릭하여 '보통 스타일 3, 강조 5'를 선택합니다.

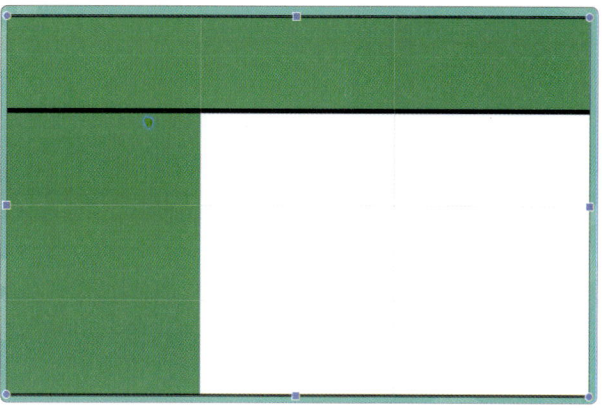

02 셀 합치기, 나누기

1. 네 번째 줄의 두 번째, 세 번째를 영역지정 후, [표 레이아웃] 탭에서 [셀 나누기]를 선택합니다.

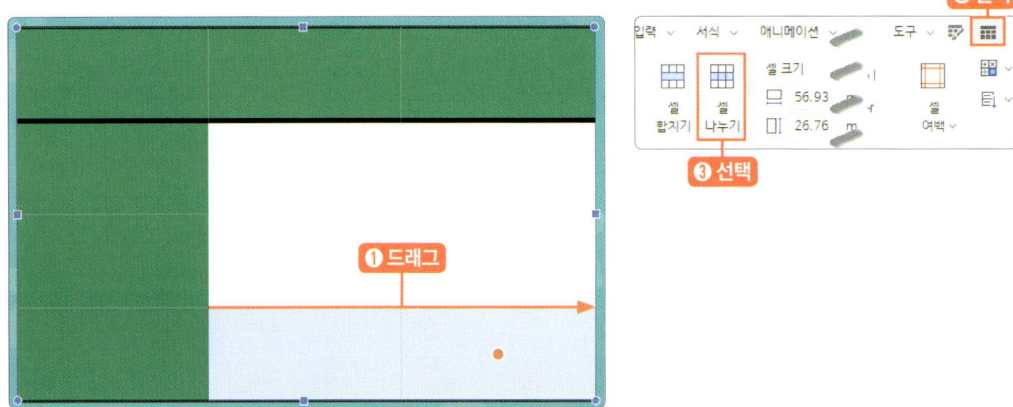

2. 이어서, 줄 체크 해제하고 칸 개수(2)를 입력한 후, <나누기> 단추를 클릭합니다. 다음과 같이 셀이 분할된 것을 확인할 수 있습니다.

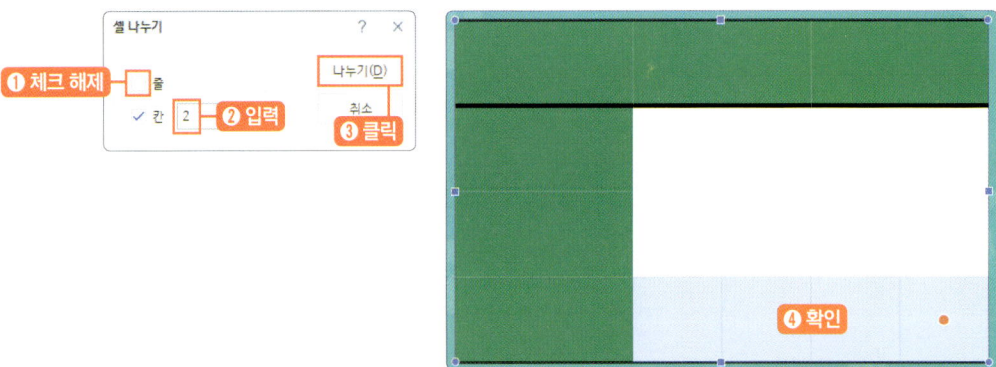

3. 첫 번째 칸의 세 번째 줄, 네 번째 줄을 영역지정 후, [표 레이아웃] 탭에서 [셀 합치기]를 선택합니다. 아래와 같이 셀이 합쳐진 것을 확인할 수 있습니다.

TIP

합치기나 나누기를 원하는 셀을 클릭하거나 범위를 지정한 다음 마우스 오른쪽 단추를 클릭하여 [셀 합치기] 또는 [셀 나누기]를 클릭하여도 됩니다.

표 테두리 변경하기

1. 표 전체를 드래그하여 범위를 지정한 후, [표 디자인] 탭에서 [테두리 종류]-'실선', [테두리 굵기]-'1pt'를 지정하고 [테두리]-'바깥쪽 테두리'를 선택합니다.

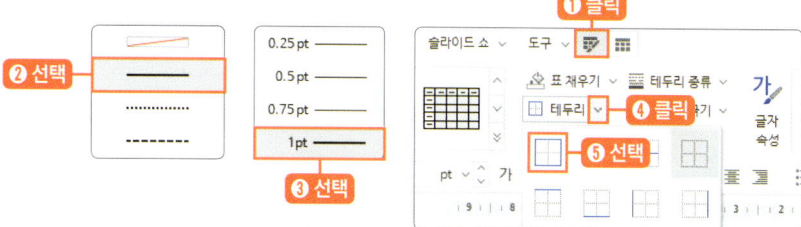

2. 이어서, [표 디자인] 탭에서 [테두리 종류]-'점선', [테두리 굵기]-'1pt'를 지정하고 [테두리]-'안쪽 테두리'를 선택합니다. 아래의 그림과 같이 테두리가 변경된 것을 확인할 수 있습니다.

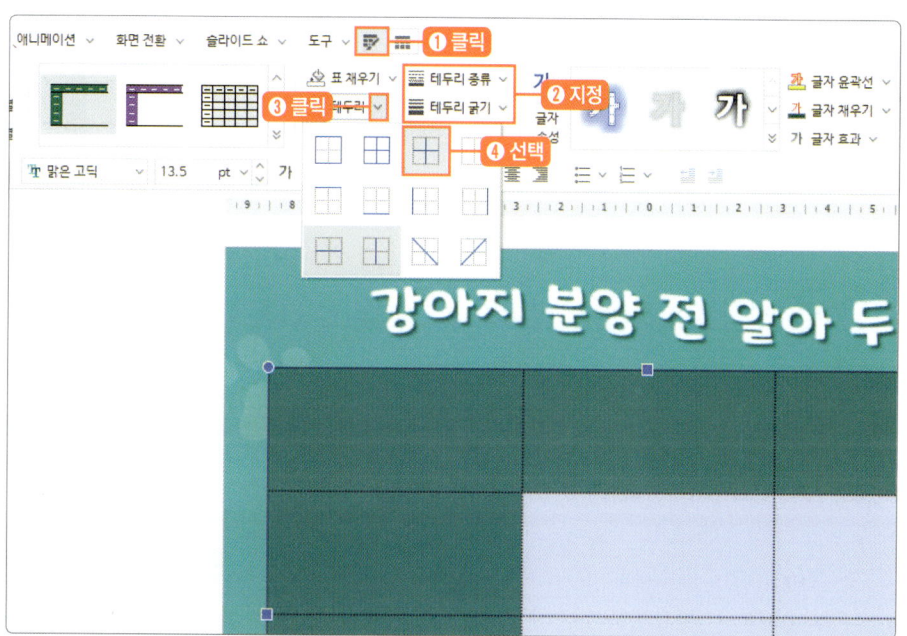

3. 아래의 내용을 입력하고 각 칸의 크기를 조절합니다.

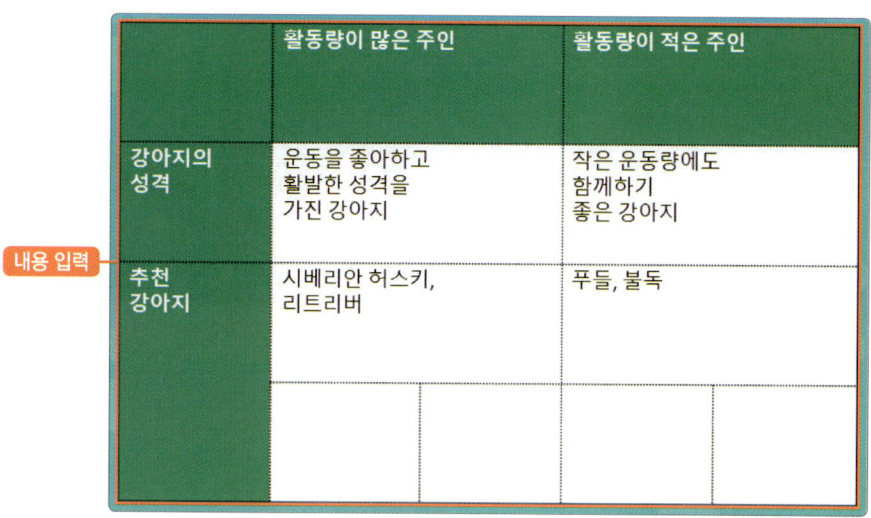

CHAPTER 18 반려 동물 관리사 • 127

4. 표 전체를 영역지정한 후, 글꼴(휴먼매직체), 글자 크기(18pt), '진하게'를 지정합니다. 이어서, [표 레이아웃] 탭-[내용 정렬]-'중간', '가운데 정렬'을 지정합니다.

5. 표의 마지막 줄에 강아지들의 사진을 넣기 위해 빈 셀에 마우스를 클릭한 후, [표 디자인] 탭-[표 채우기]-[그림]에서 [불러올 파일]-[CHAPTER 18]-[반려 동물 관리사 이미지]-'시베리안 허스키.jpg'를 삽입합니다.

6. 같은 방법으로 다른 강아지도 삽입해 줍니다.

7. [입력] 탭-[그림]을 선택합니다. 이어서, [불러올 파일]에서 [반려 동물 관리사 이미지] 폴더를 클릭한 다음 마음에 드는 강아지 이미지를 선택한 후, 삽입 시킵니다.

8. 불러온 이미지를 클릭하여 [그림] 탭-'자르기'를 클릭하고 원하는 모양의 강아지를 자르기를 합니다. 이어서, [색]-'투명한 색 설정'을 선택하고 강아지의 배경을 클릭합니다.

9. [그림] 탭-[그림 효과]-[그림자]-'안쪽: 대각선 왼쪽 위'를 클릭하여 그림에 효과를 줍니다. 같은 방법으로 원하는 그림을 넣어 슬라이드를 꾸며줍니다.

10. [파일]-[다른 이름으로 저장하기]를 선택하여 본인의 폴더를 선택한 후, 파일 이름을 '반려 동물 관리사 (완성)'을 입력합니다. 이어서, <저장> 단추를 클릭합니다.

CHAPTER 18 연습문제

문제 01   ●불러올 파일 : 연습하기 01.show   ●완성된 파일 : 18장 연습하기 01(완성).show

아래의 조건을 참고하여 완성해 봅니다.

① [입력] 탭-[표]를 선택하여 4×4 표를 삽입한 후, 위치와 크기를 알맞게 조절합니다.

② 위의 그림을 참고하여 필요한 부분을 합치고 내용을 입력합니다.

③ 표 테두리를 선택한 상태에서 [표 레이아웃] 탭-[내용 정렬]-'중간'을 클릭하고 '가운데 정렬'을 클릭합니다.

④ '빨간색 튤립', '노란색 튤립', '분홍색 튤립', '주황색 튤립'의 셀에 색을 넣어주기 위해 [표 디자인] 탭-[표 채우기]-'빨강, 노랑, 분홍, 주황'을 각각 선택해 줍니다.

⑤ 꽃 그림을 넣어주기 위해 [표 디자인] 탭-[표 채우기]-[그림]-[CHAPTER 18]-[튤립 이미지] 폴더에서 '빨간색 튤립', '노란색 튤립', '분홍색 튤립', '주황색 튤립'을 삽입합니다.

⑥ [표 디자인] 탭-[테두리 종류]-'실선', [테두리 색]-'초록', [테두리 굵기]-'3pt'로 선택한 다음 [테두리]-'바깥쪽 테두리'를 지정하고, [테두리 종류]-'점선', [테두리 굵기]-'1pt'를 선택하여 [테두리]-'안쪽 테두리'를 지정합니다.

문화 관광 해설가

- 불러올 파일 : 문화 관광 해설가.show
- 완성된 파일 : 문화 관광 해설가(완성).show

학습목표

- 텍스트와 그림을 삽입할 수 있습니다.
- 하이퍼링크를 삽입할 수 있습니다.

오늘 배울 기능 : 텍스트 및 그림 삽입하기, 하이퍼링크 삽입하기

🔍 완성작품 미리보기

직업 소개

문화 관광 해설가

'문화 관광 해설가'는 단순 안내만을 담당하는 가이드와 달리, 관광객들에게 우리의 문화유산이 올바르고 이해하기 쉽게 전달될 수 있도록 설명하는 전문 해설가입니다. 관광객이 우리 고유의 문화유산이나 관광자원, 풍습, 생태환경, 해당 지역의 역사나 문화를 쉽게 이해할 수 있도록 해설하고, 생활문화를 체험할 수 있도록 돕는 역할을 합니다.

01 텍스트 및 그림을 삽입하기

1. [파일]-[불러오기]를 클릭합니다. 이어서, [불러올 파일]-[CHAPTER 19]-'문화 관광 해설가.show'를 선택한 후, <열기> 단추를 클릭하여 파일을 불러옵니다.

2. 두 번째 슬라이드부터 다섯 번째 슬라이드에 아래와 같이 [입력] 탭-[글상자]-'가로 글상자'를 선택하여 텍스트 범위를 지정합니다.
    - 글꼴(HY궁서B), 글자 크기(24pt)로 설정

두 번째 슬라이드	세 번째 슬라이드
서울 종로에 위치한 조선 왕조의 법궁	서울 중심부에 위치해 360도 전 방향으로 서울 시내를 훤히 내려다 볼 수 있는 관광명소
네 번째 슬라이드	다섯 번째 슬라이드
경주시에 있는 삼국시대 신라 시기의 천문관측소로 국보로 지정됨	거대한 규모의 화산으로 제주도의 화산 활동에 의해 형성된 화산

3. 두 번째 슬라이드를 선택합니다. 이어서, 그림을 삽입하기 위해 [입력] 탭-[그림]을 선택하고 [불러올 파일]-[CHAPTER 19]-[문화관광이미지] 폴더에서 '경복궁'을 삽입합니다.

4. 같은 방법으로 나머지 슬라이드에 그림을 삽입합니다.
    ※ 세 번째 슬라이드 : 남산 서울 타워, 네 번째 슬라이드 : 첨성대, 다섯 번째 슬라이드 : 한라산 이미지를 삽입합니다.

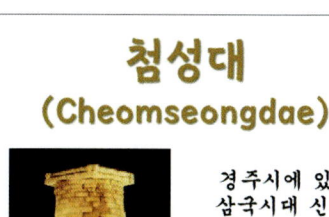
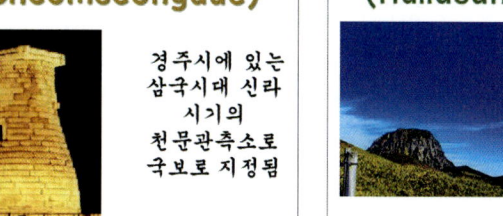

02 하이퍼링크 삽입하기

1. 첫 번째 슬라이드에서 '경복궁' 이미지를 클릭합니다. 이어서, [입력] 탭에서 [하이퍼링크]를 클릭합니다.

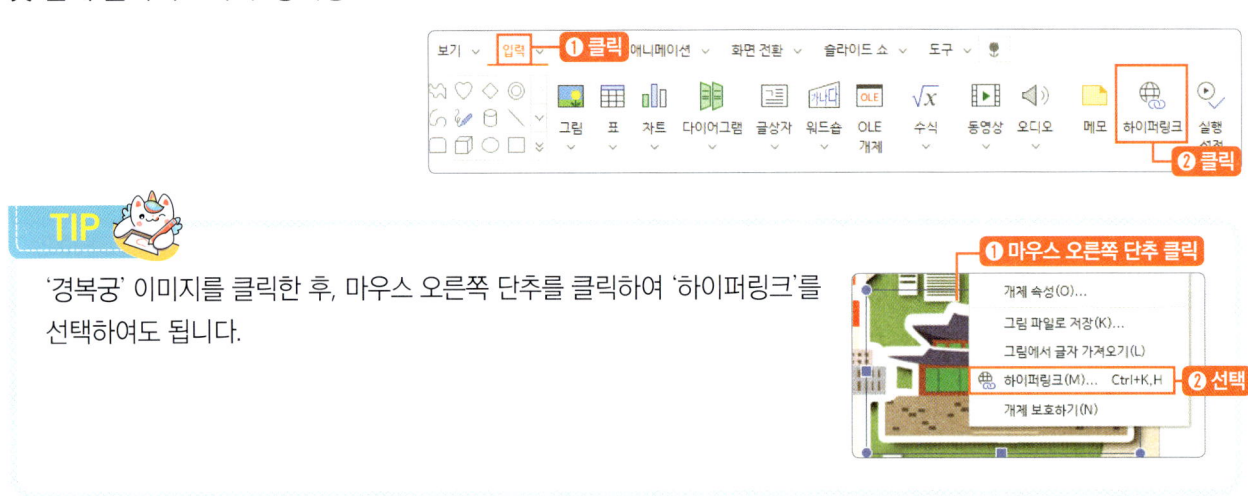

TIP '경복궁' 이미지를 클릭한 후, 마우스 오른쪽 단추를 클릭하여 '하이퍼링크'를 선택하여도 됩니다.

2. [하이퍼링크] 대화상자가 나오면 [현재 문서]-[슬라이드 제목]-'2. 슬라이드 2'를 선택하고 <넣기> 단추를 클릭합니다.

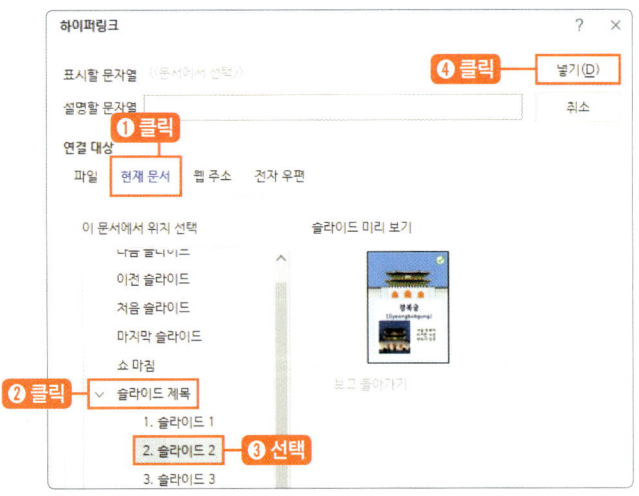

3. 같은 방법으로 아래 조건에 맞게 이미지들과 슬라이드에 하이퍼링크를 연결해 줍니다.

이미지	하이퍼링크
남산 서울 타워	슬라이드 3
첨성대	슬라이드 4
한라산	슬라이드 5

4. 두 번째 슬라이드에서 '경복궁' 이미지와 '경복궁' 웹사이트를 연결하기 위해 인터넷에서 포털 검색 사이트를 검색한 다음 '경복궁'을 검색합니다.

5. 검색하여 나온 웹사이트를 클릭하여 홈페이지를 엽니다. 이어서, 홈페이지 주소를 복사합니다.
   - '문화재청 궁능유적본부 경복궁관리소' 사이트(https://www.royalpalace.go.kr/)를 직접 검색하여도 됩니다.

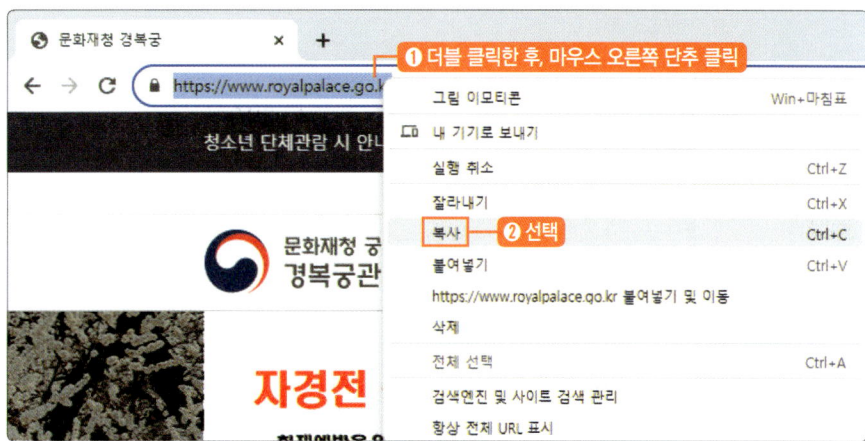

6. 두 번째 슬라이드 '경복궁' 이미지를 클릭하고 [입력] 탭-[하이퍼링크]에서 [웹 주소]를 클릭합니다. 이어서, 주소 창에 붙여넣기 한 후, <넣기> 단추를 클릭합니다.

7. 같은 방법으로 아래의 조건에 맞게 하이퍼링크를 합니다.
   ※ [CHAPTER 19]-[불러올 파일]-'하이퍼링크 주소.txt' 파일 참조

남산 서울 타워	https://www.seoultower.co.kr/
첨성대	https://www.heritage.go.kr/heri/cul/culSelectDetail.do?pageNo=1_1_2_0&ccbaCpno=1113700310000
	문화재청 국가 문화 유산 포털 – 문화재 검색 – 첨성대
한라산	https://jeju.go.kr/hallasan/index.htm

8. 두 번째 슬라이드에 있는 '체크 버튼' 이미지를 클릭한 다음 [입력] 탭-[하이퍼링크]에서 [현재 문서]-[슬라이드 제목]-'슬라이드 1'을 선택하고 <넣기> 단추를 클릭합니다.

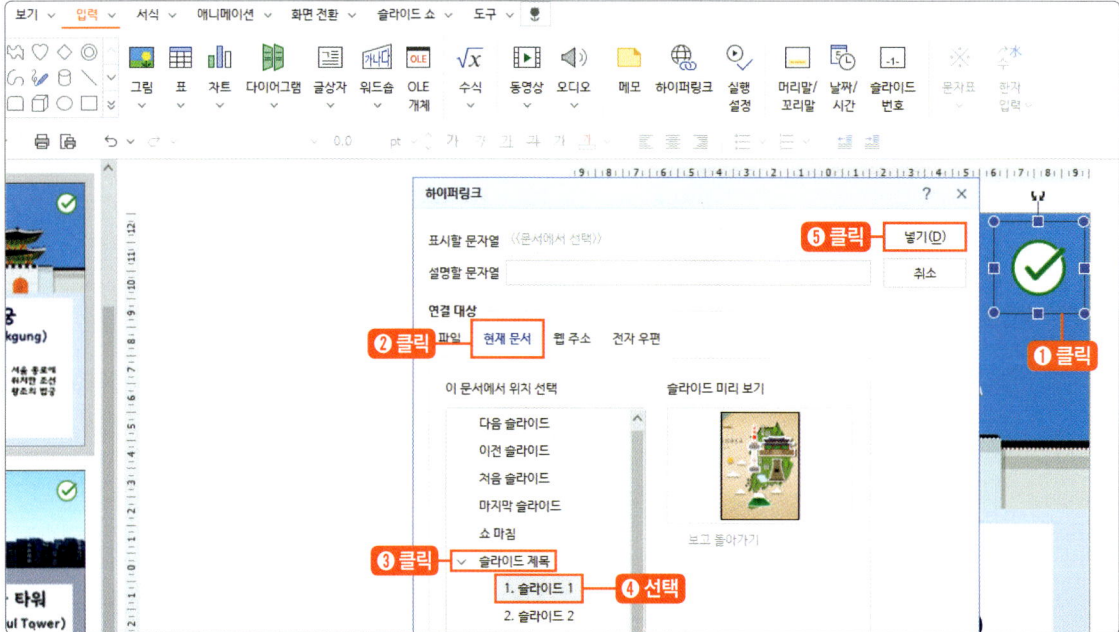

9. 같은 방법으로 세 번째 슬라이드 ~ 다섯 번째 슬라이드에도 '체크 버튼' 이미지에 하이퍼링크를 '슬라이드 1'로 삽입합니다.

   TIP
   링크를 수정하고 싶을 때는 마우스 오른쪽 단추를 클릭하여 [하이퍼링크 편집]을 선택합니다.

   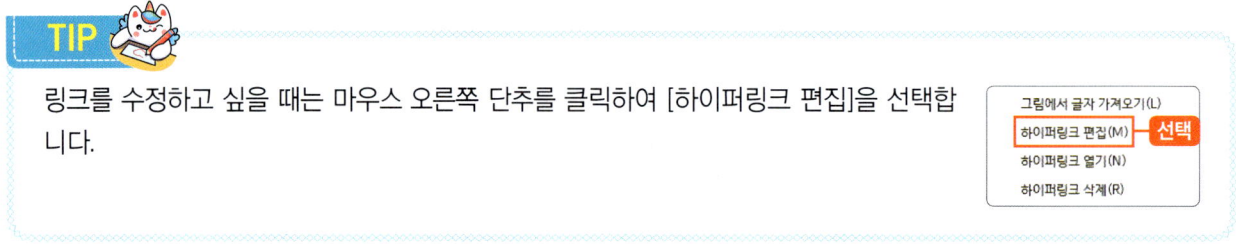

10. 각 슬라이드 속 이미지에 하이퍼링크가 잘 되었는지 확인해 보기 위해 [슬라이드 쇼] 탭-'처음부터'를 클릭하여 슬라이드 쇼를 실행합니다.
    ※ 슬라이드 쇼 실행의 단축키 F5 키를 누르면 슬라이드 쇼가 실행됩니다.

11. [파일]-[다른 이름으로 저장하기]를 선택하여 본인의 폴더를 선택한 후, 파일 이름을 '문화 관광 해설가(완성)'을 입력합니다. 이어서, <저장> 단추를 클릭합니다.

CHAPTER 19 연습문제

문제 01 ● 불러올 파일 : 연습하기 01.show   ● 완성된 파일 : 19장 연습하기 01(완성).show

아래의 조건을 참고하여 완성해 봅니다.

① 도형을 클릭하고 [도형] 탭-[도형 스타일]-[자세히]를 클릭하여 '도형 스타일'을 바꿔줍니다.
② '국립 중앙 박물관', '국립 부여 박물관', '국립 경주 박물관', '국립 김해 박물관', '국립 제주 박물관'을 적습니다.
③ 인터넷 검색 창에서 박물관을 검색한 후, 각 도형에 하이퍼링크로 연결합니다.
   ※ [CHAPTER 19]-[불러올 파일]-'하이퍼링크 주소.txt' 파일 참조

국립 중앙 박물관	https://www.museum.go.kr/site/main/home
국립 부여 박물관	https://buyeo.museum.go.kr/index.do
국립 경주 박물관	https://gyeongju.museum.go.kr/
국립 김해 박물관	https://gimhae.museum.go.kr/kr/
국립 제주 박물관	https://jeju.museum.go.kr/html/kr/

④ 하이퍼링크가 잘 연결되었는지 확인한 후, 저장합니다.

마술사

CHAPTER 20

● 불러올 파일 : 마술사.show   ● 완성된 파일 : 마술사(완성).show

학습목표

- 개체 맞춤을 할 수 있습니다.
- 화면 전환 효과를 줄 수 있습니다.

오늘 배울 기능 : 개체 맞춤하기, 화면 전환 효과주기

완성작품 미리보기

마술사

마술사는 재빠른 손 기술, 카드, 동전, 마술 상자 등을 사용하여 신기한 속임수를 개발하고, 무대에 올라 관중들 앞에서 다양한 마술 공연을 합니다. 마술에 어울리는 도구, 음악, 조명, 무대 장치도 준비하고 공연을 기획합니다. 마술을 개발하기 위해 기술을 연구하고 마술 도구를 직접 제작하기도 합니다. 독특한 아이디어로 늘 새로운 마술을 연구하고, 관객들에게 화려한 쇼를 보여주기 위해 노력합니다.

 개체 맞춤하기

1. [파일]-[불러오기]를 클릭합니다. 이어서, [불러올 파일]-[CHAPTER 20]-'마술사.show'를 선택한 후, <열기> 단추를 클릭하여 파일을 불러옵니다.

2. 두 번째 슬라이드를 클릭한 후, 슬라이드를 복제하기 위해 Ctrl + D 키를 누릅니다. 두 번째 슬라이드 아래에 똑같은 슬라이드가 복제된 것을 확인할 수 있습니다. 세 번째, 네 번째 슬라이드도 아래에 같은 슬라이드를 복제합니다.
   ※ 마우스 오른쪽 단추를 눌러 '선택한 슬라이드 복제'를 클릭하여도 됩니다.

3. 세 번째 슬라이드를 선택합니다. 이어서, 슬라이드의 위쪽에 배치된 '빨간 다이아몬드카드' 이미지 한 개를 클릭한 후, Ctrl 키를 누른 상태에서 다른 이미지도 클릭하여 선택한 다음 [그림] 탭-[맞춤]을 클릭합니다.

4. [그림] 탭-[맞춤]-'선택된 개체에 맞춤'이 체크되었는지 확인하고 '위쪽 맞춤'을 선택합니다.

5. 이어서, [맞춤]-'슬라이드에 맞춤'으로 선택한 다음 '가로 간격을 동일하게'를 선택합니다.

6. 같은 방법으로 남은 이미지들을 선택하여 [선택된 개체에 맞춤]-'아래쪽 맞춤'을 선택하고, [슬라이드에 맞춤]-'가로 간격을 동일하게'를 선택합니다.

7. 다섯 번째 슬라이드를 선택하여 아래 그림처럼 이미지 4장을 선택한 후, [그림] 탭-[맞춤]-[슬라이드에 맞춤]-'위쪽 맞춤', '가로 간격을 동일하게'를 선택합니다.

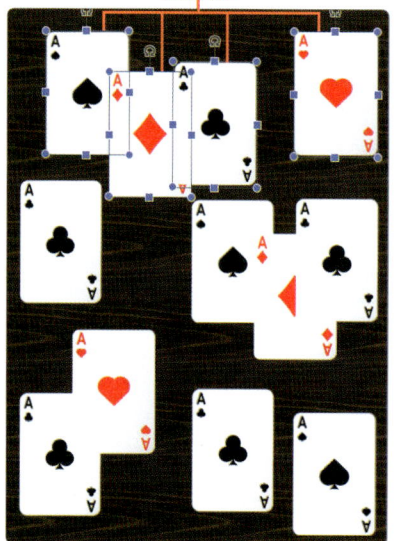
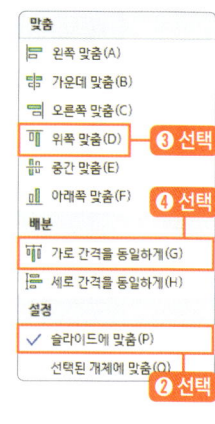

8. 같은 방법으로 아래의 그림과 같이 설정합니다.
   - **중간 줄** : 중간 맞춤(가로 간격을 동일하게)
   - **아래쪽 줄** : 아래쪽 맞춤(가로 간격을 동일하게)

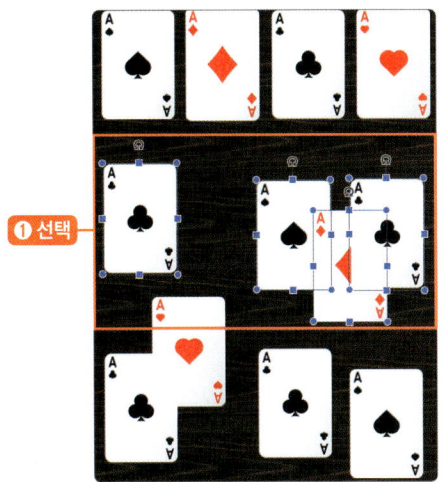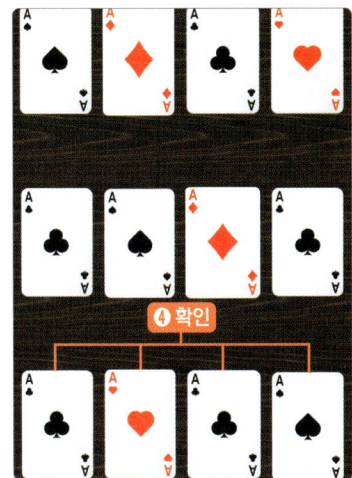

9. 일곱 번째 슬라이드를 선택하여 아래 그림처럼 빨간색 카드만 선택합니다. 이어서, [그림] 탭-[맞춤]-[슬라이드에 맞춤]-'위쪽 맞춤', '가운데 맞춤'을 선택합니다.

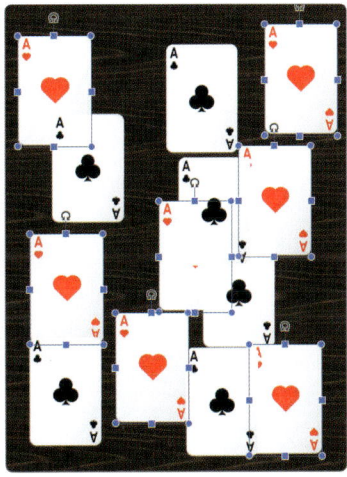

10. 같은 방법으로 아래의 그림과 같이 남은 '검정색' 카드 이미지들을 모두 선택하여 [그림] 탭-[맞춤]-[슬라이드에 맞춤]-'아래쪽 맞춤', '가운데 맞춤'을 선택합니다.

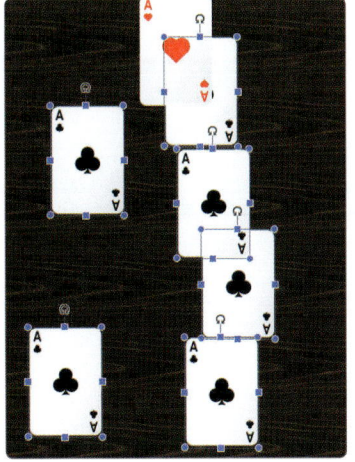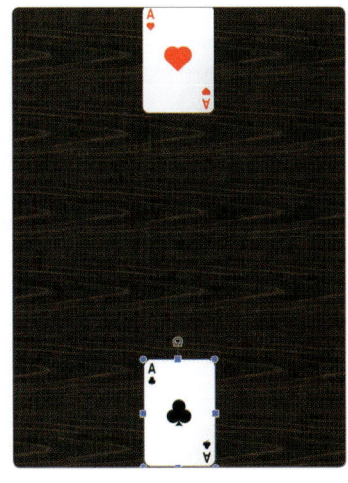

02 화면 전환 효과 주기

1. 첫 번째 슬라이드를 선택합니다. 이어서, [화면 전환] 탭-[자세히]를 클릭하고 [색다른 효과]-'커튼'을 선택합니다.

2. 나머지 슬라이드는 슬라이드 네비 창에서 모두 선택합니다.
   - 두 번째 슬라이드를 클릭한 상태에서 Shift 키를 누르면서 마지막 일곱 번째 슬라이드를 선택합니다. 두 번째 슬라이드 ~ 일곱 번째 슬라이드까지 모두 선택이 됩니다.

3. [화면 전환] 탭-[자세히]를 클릭하고 [2D 효과]-'밝기 변화'를 선택합니다.

4. [슬라이드 쇼] 탭-'처음부터'를 선택하여 슬라이드 쇼를 실행합니다.

5. [파일]-[다른 이름으로 저장하기]를 선택하여 본인의 폴더를 선택한 후, 파일 이름을 '마술사(완성)'을 입력합니다. 이어서, <저장> 단추를 클릭합니다.

CHAPTER 20 연습문제

문제 01　●불러올 파일 : 연습하기 01.show　●완성된 파일 : 20장 연습하기 01(완성).show

아래의 조건을 참고하여 완성해 봅니다.

① 슬라이드를 3장 복제합니다.
② [그림] 탭-[맞춤]을 자유롭게 적용합니다.
③ [화면 전환] 탭-[자세히]를 클릭하고 [2D 효과]-'밝기 변화'를 선택합니다.

문제 02　●불러올 파일 : 연습하기 02.show　●완성된 파일 : 20장 연습하기 02(완성).show

섞여 있는 동전들 속에서 100원과 500원을 따로 모아 저금통 옆에 놓아주세요.

① 슬라이드를 1장 복제한 후, 100원 동전과 500원 동전이 따로 모이도록 맞춤합니다.
② [화면 전환] 탭-[자세히]를 클릭하고 [2D 효과]-'밝기 변화'를 선택합니다.

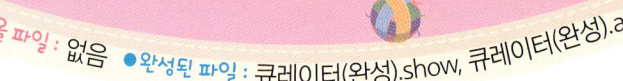

전시회 큐레이터

● 불러올 파일 : 없음   ● 완성된 파일 : 큐레이터(완성).show, 큐레이터(완성).avi

학습목표

- 앨범 만들기를 할 수 있습니다.
- 동영상으로 저장을 할 수 있습니다.

오늘 배울 기능 : 앨범 만들기, 동영상으로 저장하기

직업 소개

큐레이터

큐레이터는 '학예 연구사' 라고 부르기도 합니다. 박물관이나 미술관의 전시를 기획하고 작품 관리부터 홍보자료, 전시와 관련된 모든 업무를 총괄합니다. 관람객이 원하는 성공적인 전시회가 될수 있도록 다양한 연구를 합니다.

01 앨범 만들기

1. '한쇼 2022'를 클릭하여 [새 문서]를 열어줍니다.

2. [입력] 탭-[그림]-'앨범 만들기'를 선택합니다.

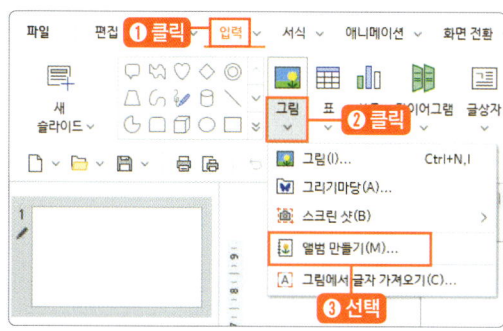

3. 다음과 같이 앨범 만들기 대화상자가 나오면 <테마 선택> 단추를 클릭합니다.

4. 다양한 테마 중 '원목 액자' 테마를 선택합니다. 이어서, 앨범 만들기 대화상자에 <+> 단추를 클릭합니다.

CHAPTER 21 전시회 큐레이터

5. [불러올 파일]-[CHAPTER 21]-[큐레이터]-[한국을 빛낸 위인들] 폴더의 파일을 모두 선택하기 위해 가장 위에 있는 파일을 클릭한 상태에서 Shift 키를 눌러 가장 아래에 있는 파일을 클릭한 후, <열기> 단추를 클릭합니다.

6. 미리 보기를 통해 그림이 모두 삽입된 것을 확인하고 <만들기> 단추를 클릭합니다. 이어서, 10번째 슬라이드 아래 [+ 슬라이드]를 클릭하여 새로운 슬라이드를 삽입합니다.

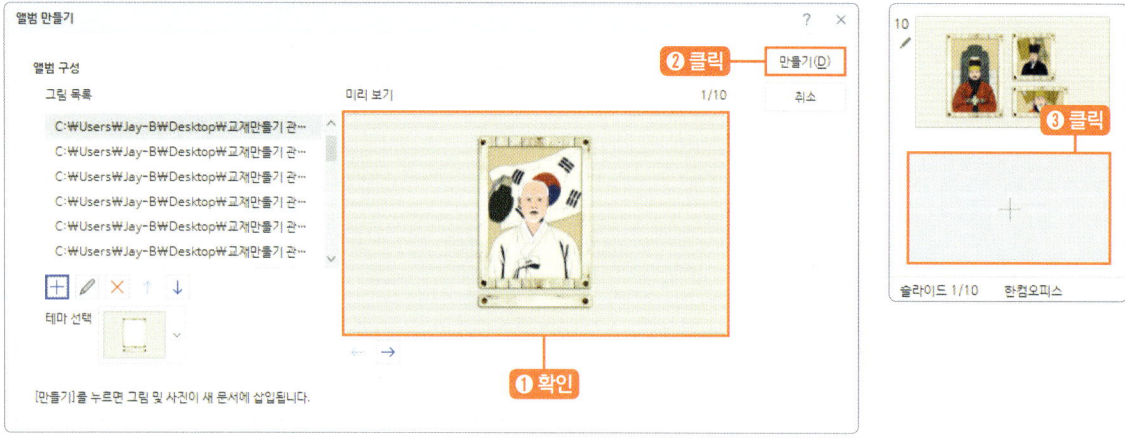

7. 11번째 슬라이드가 삽입되면 [편집] 탭-[레이아웃]-'빈 화면'을 선택합니다.

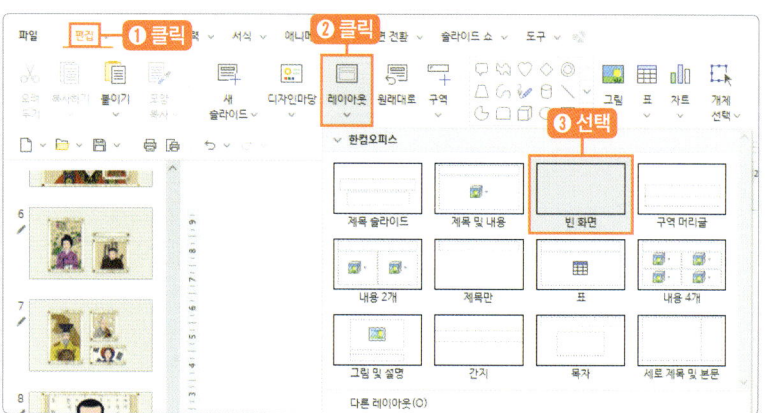

8. 배경 디자인을 변경하기 위해 [서식] 탭-[자세히]-'어제'를 선택합니다.

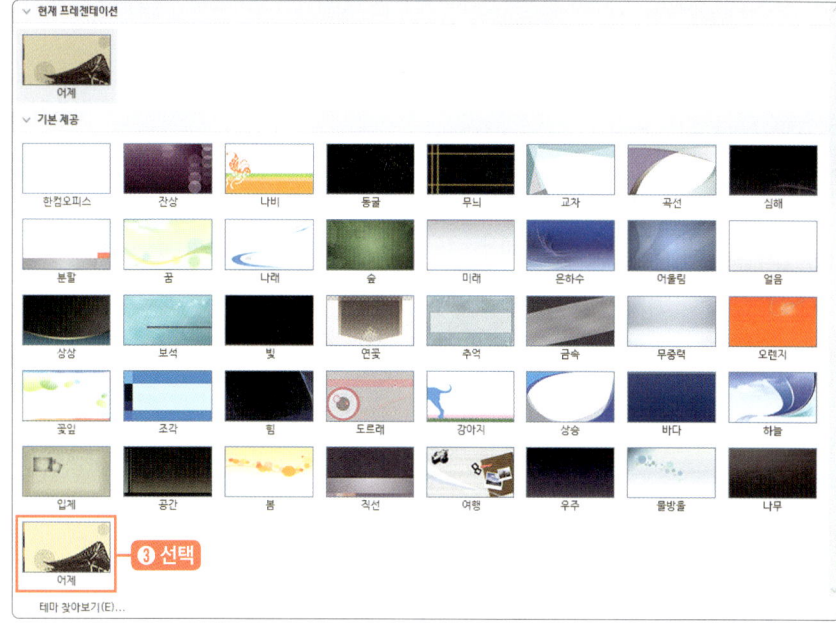

9. [입력] 탭-[그림]을 선택합니다. 이어서, [불러올 파일]-[CHAPTER 21]-[큐레이터] 파일에서 '큐레이터' 이미지를 선택한 다음 <열기> 단추를 클릭하고 다음과 같이 배치합니다.

10. 다음 그림과 같이 도형을 삽입하여 텍스트를 입력합니다.
    - [설명선]-'모서리가 둥근 사각형 설명선', '밝은 계열-강조 1'
    - 역사를 잊은 민족에겐 미래는 없습니다. 한국을 빛낸 위인들의 업적을 다시 한번 되새기는 소중한 시간이 되었길 바랍니다.(휴먼 둥근 헤드라인, 28pt, 임의의 색)

11. 슬라이드 네비 창에서 첫 번째 슬라이드를 선택한 후, Shift 키를 누른 채로 마지막 슬라이드를 선택합니다. 이어서, [화면 전환] 탭-[자세히]를 클릭하고 [3D효과]-'갤러리'를 선택합니다.

02 동영상으로 저장하기

1. [파일]-[다른 이름으로 저장하기]를 선택하여 본인의 폴더를 선택 후, 파일 이름을 '큐레이터(완성)'을 입력합니다. 이어서, [파일 형식]에서 'AVI 파일'을 선택한 다음 <저장> 단추를 클릭합니다.

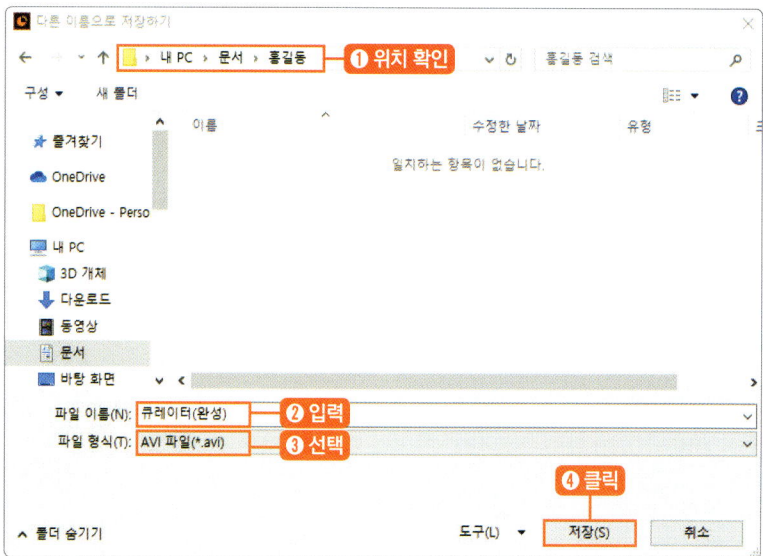

2. [한쇼 동영상 만들기] 대화상자가 나오면 <확인> 단추를 클릭하고 영상을 녹화합니다.

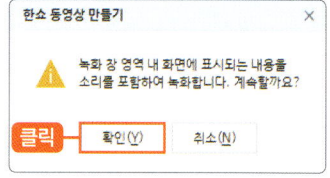

3. [파일]-[다른 이름으로 저장하기]를 선택하여 본인의 폴더를 선택한 후, 파일 이름을 '큐레이터(완성)'을 입력합니다. 이어서, <저장> 단추를 클릭합니다.

CHAPTER 21 연습문제

문제 01 ●불러올 파일 : 없음   ●완성된 파일 : 21장 연습하기 01(완성).show, 21장 연습하기 01(완성).avi

[연습하기01 이미지] 폴더의 사진을 넣어 사진 앨범을 만든 후, 동영상으로 저장해봅니다.

문제 02 ●불러올 파일 : 없음   ●완성된 파일 : 21장 연습하기 02(완성).show, 21장 연습하기 02(완성).avi

[연습하기02 이미지] 폴더의 사진을 넣어 사진 앨범을 만든 후, 동영상으로 저장해봅니다.

한복사

● 불러올 파일 : 한복사.show   ● 완성된 파일 : 한복사(완성).show

학습목표

- 도형 개체 묶기를 할 수 있습니다.
- 도형을 그림으로 채울 수 있습니다.

오늘 배울 기능 : 도형 개체 묶기, 도형을 그림으로 채우기

완성작품 미리보기

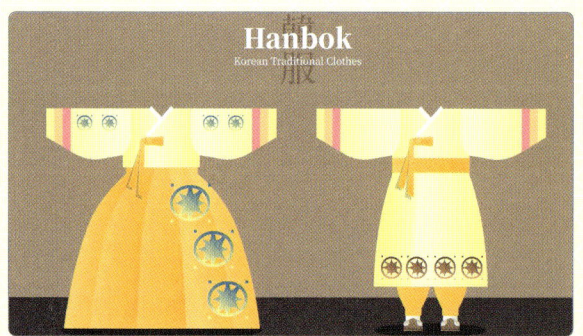

직업소개

한복사

한복사는 저고리, 치마, 두루마기, 마고자, 버선 등의 한복을 제작하는 일을 합니다. 직물의 종류, 색상, 원단의 실용성을 살펴보며 디자인하고, 재단을 합니다. 재단 후, 실의 색깔을 선택하고 재봉틀을 이용하거나 손바느질로 한복을 완성 시킵니다. 가위나 칼로 불필요한 실을 제거하고 다림질하며, 단추나 장식물들을 손바느질하여 한복을 완성 시킵니다. 차분하고 섬세한 성격을 가진 사람에게 유리하며 오랜 시간 앉아서 작업하는 경우가 많으므로 인내심과 일에 대한 책임감이 있어야 합니다.

도형 개체 묶기

1. [파일]-[불러오기]를 클릭합니다. 이어서, [불러올 파일]-[CHAPTER 22]-'한복사.show'를 선택한 후, <열기> 단추를 클릭하여 파일을 불러옵니다.

2. 세 번째 슬라이드를 선택한 후, [입력] 탭-[도형]-[자세히]-'도넛'을 선택합니다. 이어서, 슬라이드 밑 그림에 맞춰 크기를 조정한 다음 노랑색 조절점을 이용해 모양을 맞춥니다.

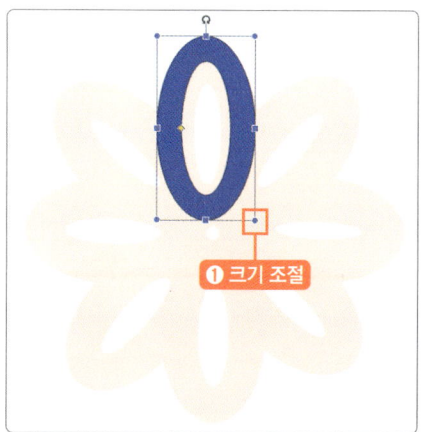
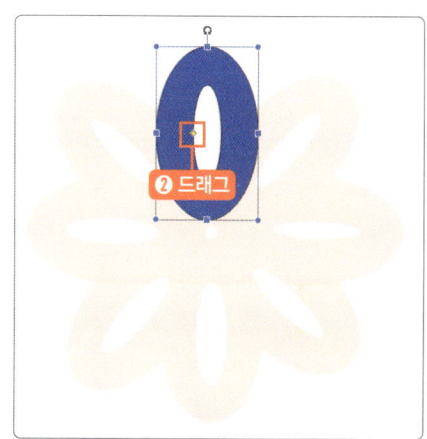

3. Ctrl 키를 누른 채 드래그하여 도형을 7개 복사하고 다음과 같이 방향을 조절하여 모양을 만들어 줍니다.

TIP
[도형] 탭에서 [회전]을 이용해 간단하게 회전시킵니다.

4. 도형 가운데에 도넛 도형을 삽입하여 모양을 완성합니다.

5. 만들어진 도형을 모두 선택한 다음 [도형] 탭에서 [그룹]-'개체 묶기'를 선택합니다.

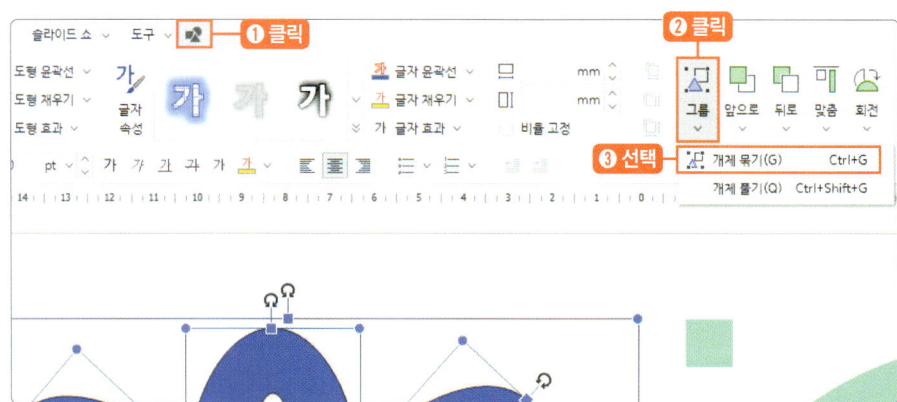

6. 도형이 하나의 개체로 묶인 것을 확인합니다.

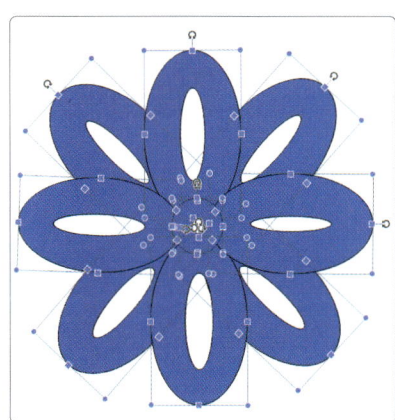

02 도형 그림으로 채우기

1. 완성된 도형을 클릭하고 [도형] 탭에서 [도형 윤곽선]-'없음'을 선택합니다.

2. [도형] 탭에서 [도형 채우기]-[그림]을 선택합니다. 이어서, [그림 넣기] 대화상자가 나오면 [한복사 이미지] 폴더에서 '질감1'을 선택하고 <열기> 단추를 클릭합니다.

3. 아래의 순서대로 다음 문양도 만들어 봅니다.

① [도형]-'직사각형'을 모서리 부분에 삽입합니다.

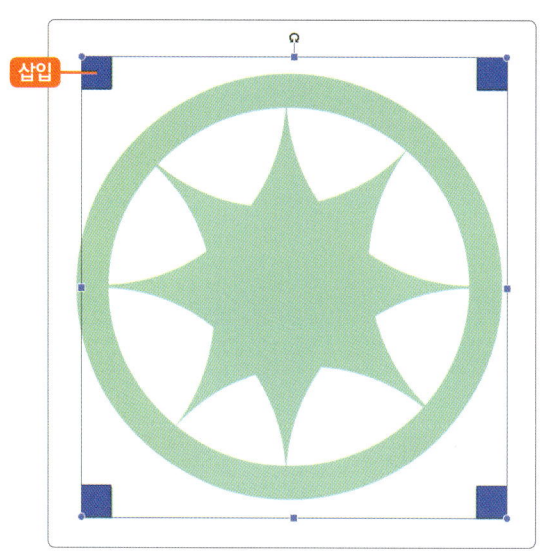

② [도형]-'배지'를 안에 삽입합니다. 이어서, 노란색 조절점을 이용하여 모양을 변형합니다.

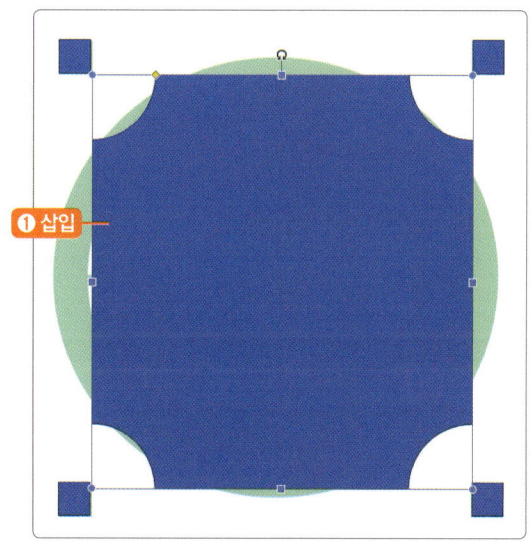 

③ '배지' 도형을 복사한 후, 회전하여 다음 문양과 같이 모양을 맞춥니다. 이어서, '도넛' 도형을 삽입하여 모양을 완성합니다. 만들어진 도형을 모두 선택하고 [도형] 탭에서 [그룹]-'개체 묶기'를 선택합니다.

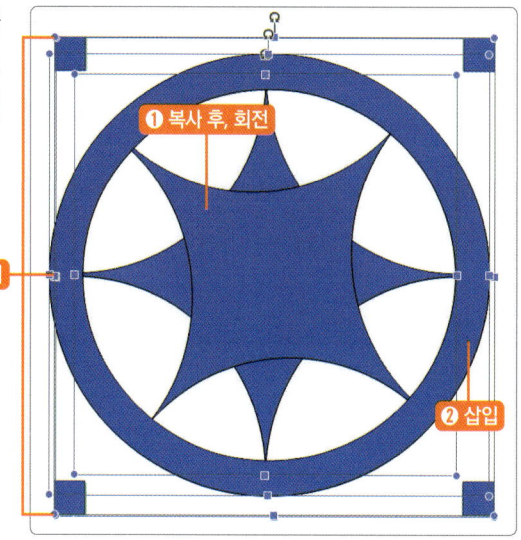

④ 완성된 도형을 클릭하고 윤곽선을 없애줍니다. 이어서, [도형 채우기]-[그림]을 선택한 다음 [그림 넣기] 대화상자가 나오면 [한복사 이미지] 폴더에서 '질감2'를 삽입합니다.

4. 세 번째 슬라이드에 완성된 문양을 복사하여 첫 번째, 두 번째 슬라이드 한복 이미지에 어울리게 배치해 봅니다.

   ※ Ctrl + C 키 : 복사하기 단축키 / Ctrl + V 키 : 붙여넣기 단축키

TIP

[그림] 탭-[색]에서 도형의 톤을 바꿔 다양한 색을 지정할 수 있습니다.

5. [파일]-[다른 이름으로 저장하기]를 선택하여 본인의 폴더를 선택한 후, 파일 이름을 '한복사(완성)'을 입력합니다. 이어서, <저장> 단추를 클릭합니다.

CHAPTER 22 연습문제

문제 01 ● 불러올 파일 : 연습하기 01.show ● 완성된 파일 : 22장 연습하기 01(완성).show

아래의 조건을 참고하여 완성해 봅니다.

① '타원' 도형과 '모서리가 둥근 직사각형' 도형을 개체 묶기하여 쿠키 모양을 만듭니다.

② 개체 묶기된 쿠키 모양의 도형을 [연습하기 01 이미지] 폴더에서 '쿠키 질감'으로 채우기를 합니다.

③ 쿠키를 복사하여 2개를 만듭니다.

④ 쿠키의 모양을 다양하게 꾸며 줍니다.

  ※ '자유형 직접 그리기' 도형을 사용하여 머리카락을 나타냈습니다.

⑤ [연습하기01 이미지] 폴더에서 '데코1, 2'를 불러와 필요한 이미지를 자르기 합니다.

⑥ 자유롭게 '접시' 위를 예쁘게 장식하여 완성해 줍니다.

⑦ [파일]-[다른 이름으로 저장하기]를 선택하여 본인의 폴더를 선택한 후, <저장> 단추를 클릭합니다.

CHAPTER 23 통계학 연구원

● 불러올 파일 : 통계학 연구원.show   ● 완성된 파일 : 통계학 연구원(완성).show

학습목표

- 차트를 삽입할 수 있습니다.
- 차트의 서식을 변경할 수 있습니다.

오늘 배울 기능 : 차트 삽입하기, 차트 서식 변경하기

완성작품 미리보기

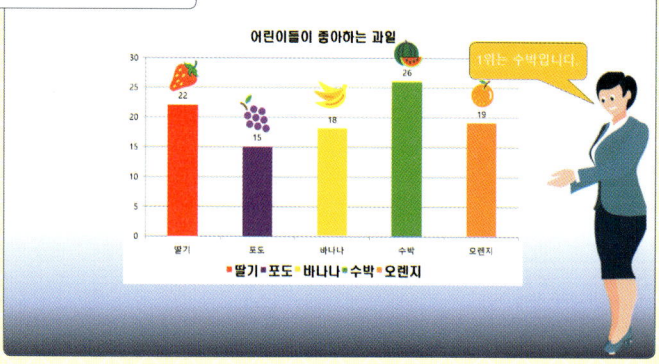

직업 소개

통계학 연구원

통계학 연구원은 자연, 사회, 경제 현상 등으로부터 얻어진 자료를 과학적으로 분석, 추론함으로써 최적의 의사결정과 미래 예측에 도움이 되는 정보로 가공하는 업무를 수행합니다. 통계학의 수학적 기초에 대해 연구하고 실제 현상에 적용하는 통계학적 이론과 방법을 연구합니다. 통계학적 방법론을 개발하고 통계 방법론의 실무적 적용에 관해 조언하며 통계적 결과를 해석합니다.

01 차트 삽입하기

1. [파일]-[불러오기]를 클릭합니다. 이어서, [불러올 파일]-[CHAPTER 23]-'통계학 연구원.show'를 선택한 후, <열기> 단추를 클릭하여 파일을 불러옵니다.

2. 첫 번째 슬라이드에 아래와 같이 글자를 입력합니다.
   - **글자 속성** : 글꼴(휴먼둥근헤드라인), 글자 크기(44pt), 그림자 지정

3. 두 번째 슬라이드를 선택한 다음 [입력] 탭-[차트]를 클릭하고 [세로 막대형]-'묶은 세로 막대형'을 선택합니다.

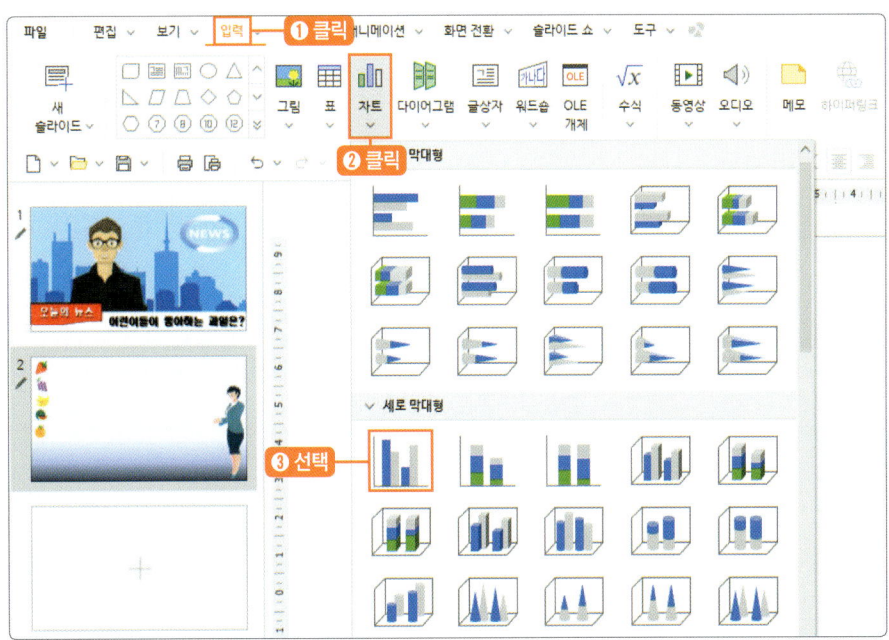

4. 다음과 같이 슬라이드 창에 '차트 데이터 편집' 창과 묶은 세로 막대형 차트가 삽입된 것을 확인할 수 있습니다.

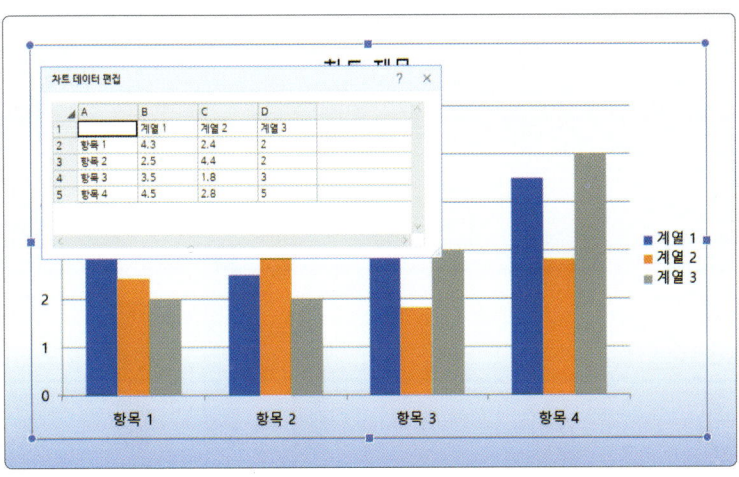

5. 다음과 같이 데이터를 입력한 다음 필요 없는 데이터 칸은 마우스 오른쪽 단추로 클릭하여 [삭제]를 선택합니다.

   ※ 행을 추가하기 위해 5행에 마우스 오른쪽 단추를 눌러 [추가]를 선택합니다.

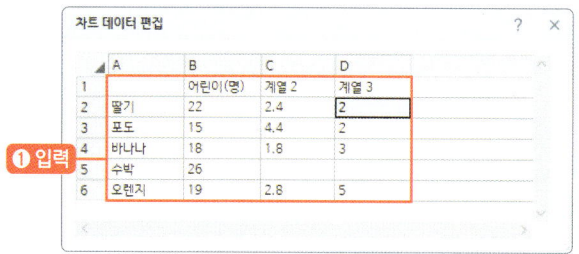

6. 슬라이드 창에 차트가 삽입된 것을 확인할 수 있습니다.

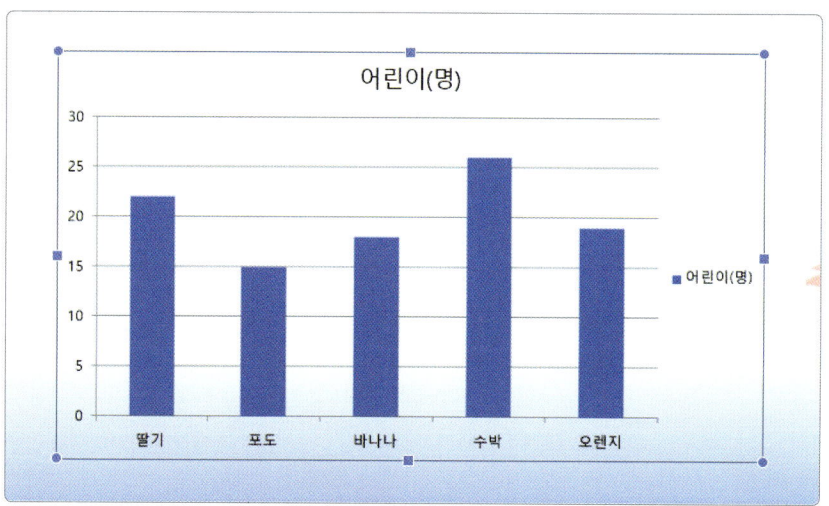

02 차트 서식 변경하기

1. 차트의 테두리를 클릭한 상태에서 마우스 오른쪽 단추를 클릭하여 [차트 영역 속성]을 선택하고 [채우기]-[단색]-[색]-'하양'을 선택합니다.

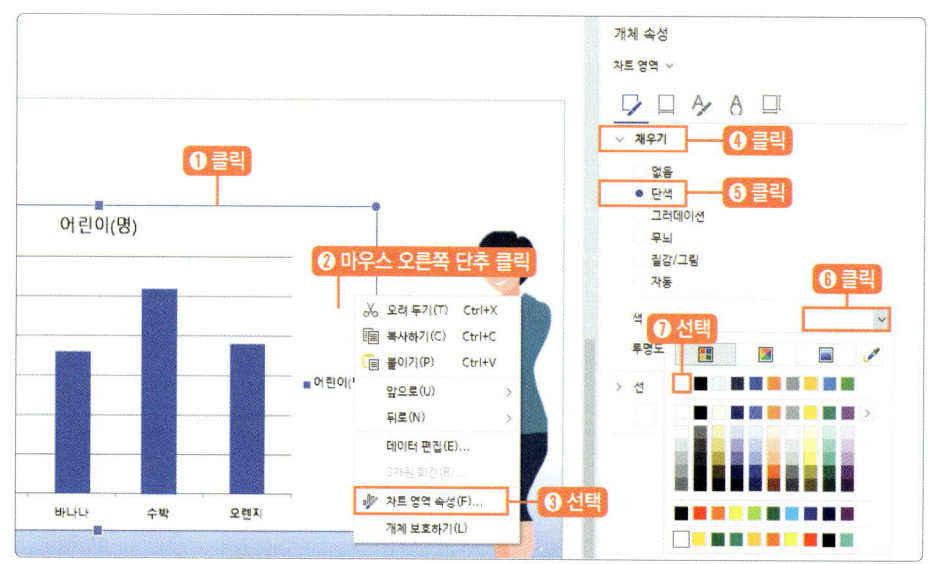

2. 차트 영역에서 '딸기 데이터 계열'을 두 번 클릭합니다. 이어서, [그리기 속성]-[단색]-[색]-'빨강'을 선택한 다음 각 데이터 계열을 모두 '색 채우기'를 변경합니다.

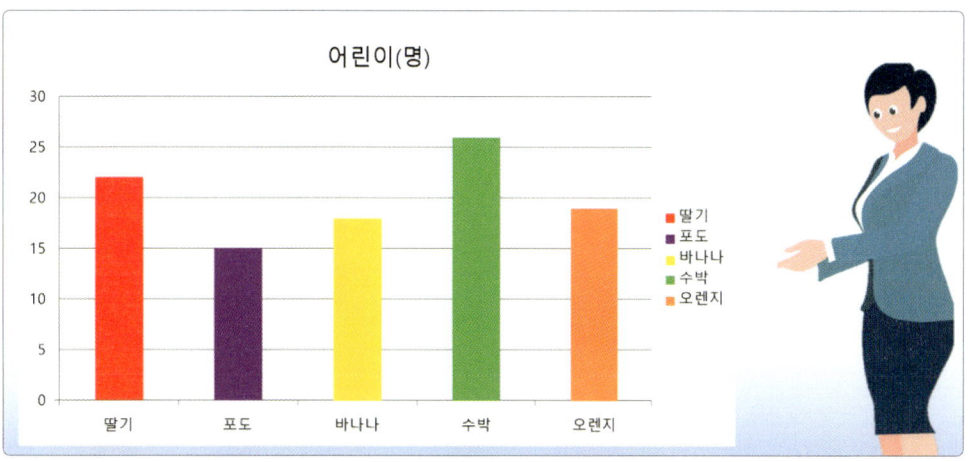

3. 차트 오른쪽 범례의 테두리를 클릭한 다음 서식 도구에서 글꼴(HY헤드라인M), 글자 크기(18pt)로 지정합니다.

4. 차트 제목을 마우스 오른쪽 단추로 클릭하고 [제목 편집]을 클릭합니다. 이어서, '어린이들이 좋아하는 과일'을 입력하고 글꼴(HY 헤드라인 M), 글자 크기(18pt)로 지정합니다.

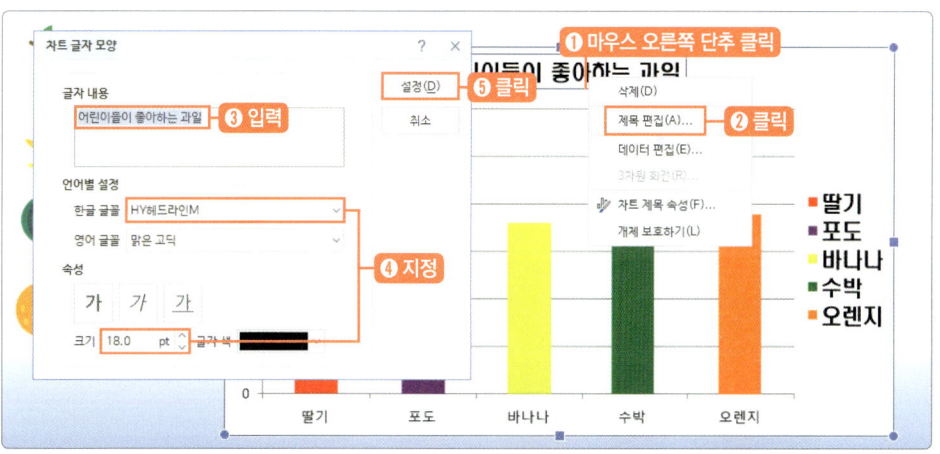

5. 차트를 클릭한 다음 [차트 디자인] 탭-[차트 구성 추가]에서 [범례]-'아래쪽', [데이터 레이블]-'표시'를 선택합니다.

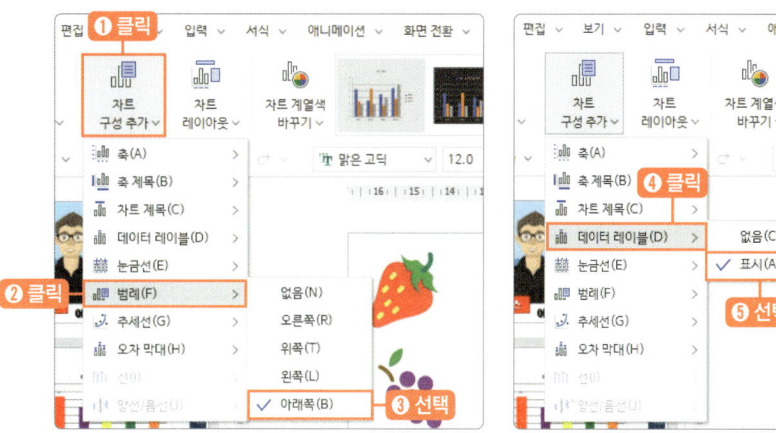

6. 데이터 레이블이 추가된 것을 확인할 수 있습니다.

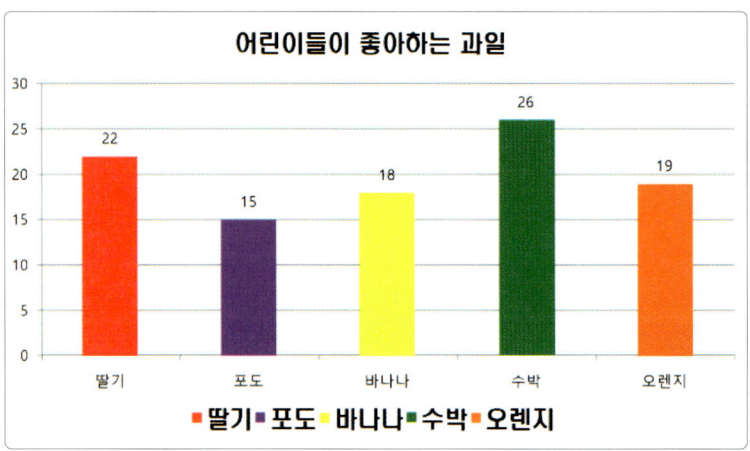

7. 데이터 테이블 위에 과일 이미지를 옮기고 크기 조정을 합니다. 이어서, 아래와 같이 도형을 삽입하고 '1위는 수박입니다.'를 입력합니다.

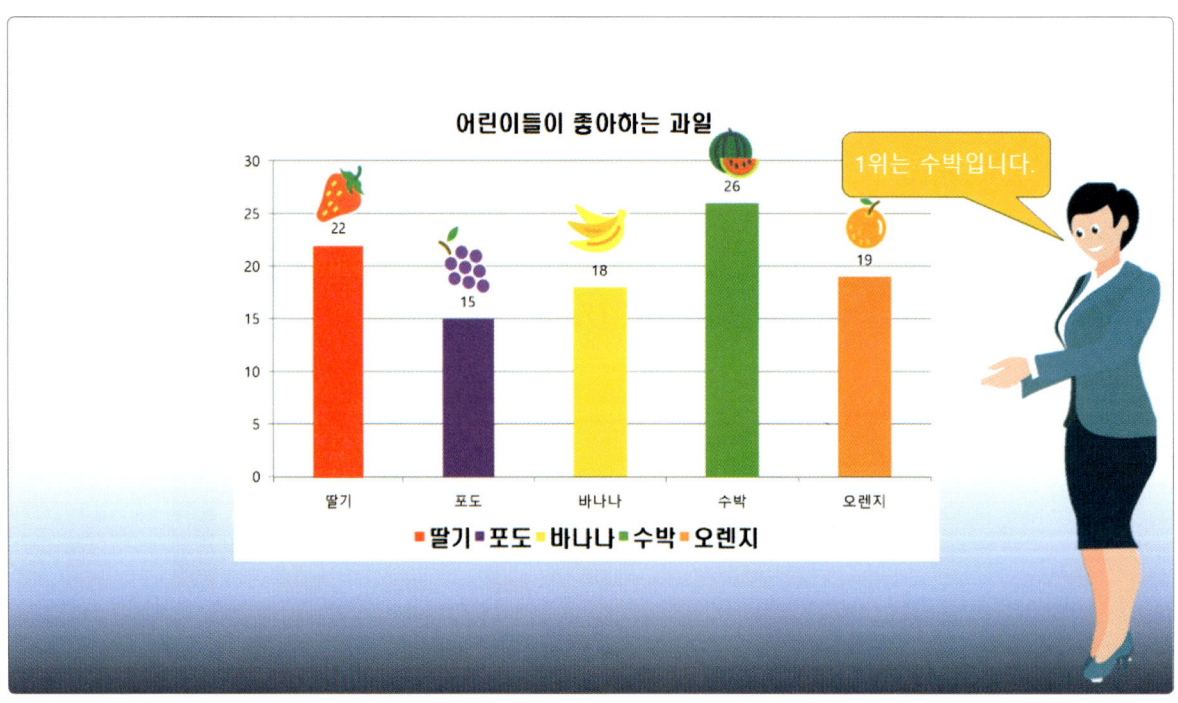

8. [파일]-[다른 이름으로 저장하기]를 선택하여 본인의 폴더를 선택한 후, 파일 이름을 '통계학 연구원(완성)'을 입력합니다. 이어서, <저장> 단추를 클릭합니다.

CHAPTER 23 연습문제

문제 01 ● 불러올 파일 : 연습하기 01.show   ● 완성된 파일 : 23장 연습하기 01(완성).show

아래의 데이터를 참고하여 차트를 완성해 봅니다.

① [차트 종류]는 [세로 막대형]-'묶은 세로 막대형'을 선택합니다.
② 아래의 데이터를 입력합니다.

	판매량
떡볶이	15
핫도그&떡꼬치	10
김밥	8
라면	5

③ 차트 채우기는 '하양'을 선택합니다.
④ [차트 구성 추가]-[범례]는 '아래쪽'을 선택합니다.
⑤ 데이터 계열(막대)마다 '채우기 색'을 바꿔줍니다.
⑥ 메뉴에 맞는 이미지를 데이터 테이블로 옮겨와 위치와 크기를 조절합니다.
⑦ 범례와 제목을 원하는 글꼴 크기로 변경합니다.
⑧ [파일]-[다른 이름으로 저장하기]를 선택하여 본인의 폴더를 선택한 후, <저장> 단추를 클릭합니다.

CHAPTER 23 통계학 연구원 ● 159

미래의 나에게

● 불러올 파일 : 미래의 나에게.show   ● 완성된 파일 : 미래의 나에게(완성).show

학습목표

- 단락 서식을 변경할 수 있습니다.
- 프레젠테이션을 완성하여 발표할 수 있습니다.

오늘 배울 기능 : 단락 서식 변경하기, show 완성하기

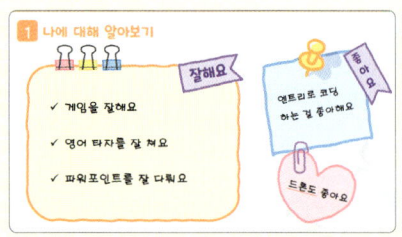
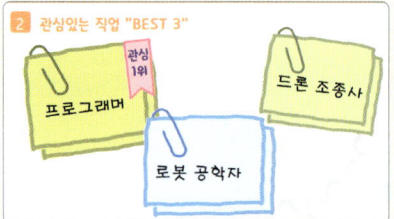

직업 소개

어른이 된 나의 모습을 상상해 본 적이 있나요?
내가 잘하는 것과 좋아하는 것을 알아보고, 관심 가지고 있는 직업에 대해 알아봅니다.

160 • 어린이_꿈트리2_한쇼 2022

01 단락 서식 변경하기

1. [파일]-[불러오기]를 클릭합니다. 이어서, [불러올 파일]-[CHAPTER 24]-'미래의 나에게.show'를 선택한 후, <열기> 단추를 클릭하여 파일을 불러옵니다.

2. 첫 번째 슬라이드에 이름을 입력하고 글꼴(HY엽서M), 글자 크기(28pt), 글자 색(강조 5 초록)을 설정합니다.

3. 두 번째 슬라이드에 다음과 같이 입력합니다.
   - **글자 속성** : 글꼴(HY엽서M), 글자 크기(28pt), 글자 색(초록 25% 어둡게)을 지정합니다.

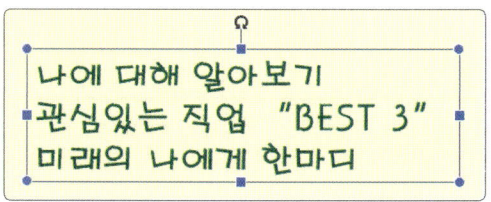

4. 글상자의 테두리를 클릭한 다음 [서식] 탭-[문단 번호 매기기]를 '1. 2. 3.'으로 지정합니다.

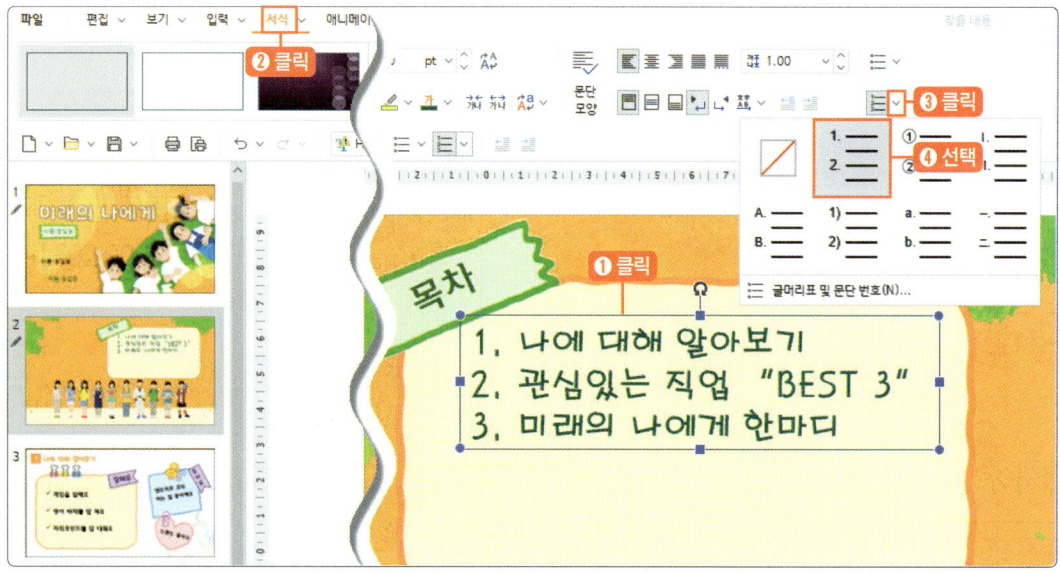

5. 줄 간격(2.0)을 지정합니다.

6. 세 번째 슬라이드에서 아래의 글을 입력한 다음 글상자의 테두리를 클릭한 후, [서식] 탭-[글머리표 매기기]에서 글머리 기호를 선택하고 글자 설정을 자유롭게 변경합니다.

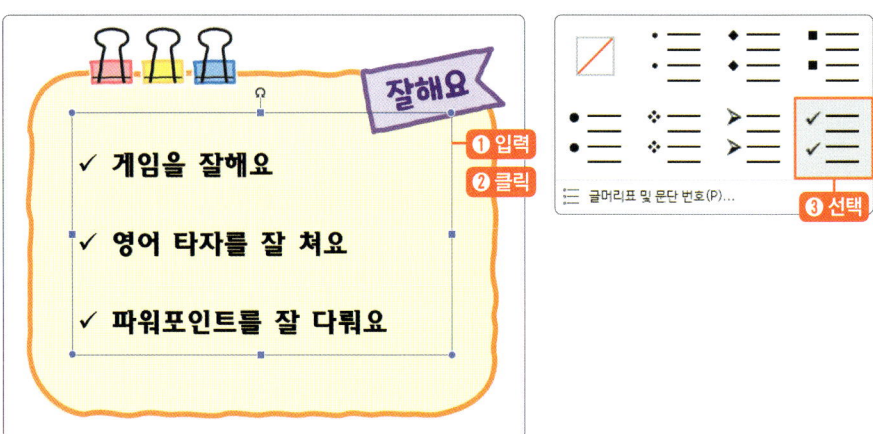

7. 나머지 슬라이드도 다음과 같이 완성합니다.

8. [슬라이드 쇼] 탭-[테마 쇼]에서 마음에 드는 테마를 클릭하여 슬라이드 쇼를 확인합니다.

9. [파일]-[다른 이름으로 저장하기]를 선택하여 본인의 폴더를 선택한 후, 파일 이름을 '미래의 나에게(완성)'을 입력합니다. 이어서, <저장> 단추를 클릭합니다.

CHAPTER 24 연습문제

문제 01 ● 불러올 파일 : 연습하기 01.show ● 완성된 파일 : 없음

미래의 나는 어떤 직업을 가지고 지낼까요?
내가 주인공이 되어 나에 대해 알아보고, '미래의 나에게' 보내고 싶은 내용을 자유롭게 적어봅니다.
완성한 후, 슬라이드 쇼를 실행하여 발표해 봅니다.

종합평가 연습문제

문제 01
●불러올 파일 : 없음   ●완성된 파일 : 없음

1 딸기만 선택을 해야합니다. 어떤 키를 눌러 클릭할까요?

① Enter 키   ② Shift 키   ③ Ctrl 키   ④ Alt 키

2 다음과 같이 도형이 바르게 정렬할 때 사용하는 아이콘은 무엇일까요?

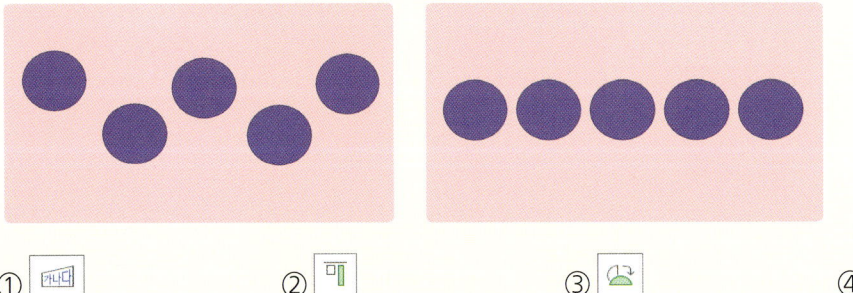

① 워드숍   ② 맞춤   ③ 회전   ④ 차트

3 슬라이드 쇼를 실행하기 위해 사용할 수 있는 단축키는 무엇일까요?

① F5 키   ② F2 키   ③ F1 키   ④ F7 키

4 도형이나 그림을 Ctrl 키를 누른 상태에서 드래그 합니다. 어떤 일이 일어날까요?

① 도형이나 그림이 삭제됩니다.
② 도형이나 그림이 크기가 조절됩니다.
③ 도형이나 그림이 복사됩니다.
④ 도형이나 그림이 저장됩니다.

문제 02 ● 불러올 파일 : 종합평가 02.show   ● 완성된 파일 : 종합평가 02(완성).show

아래의 조건에 맞춰 문서를 작성해 봅니다.

① 글상자 또는 워드숍을 이용하여 내용을 자유롭게 작성합니다.
② 문단 번호 매기기를 사용하여 번호를 매깁니다.
③ 애니메이션 효과와 화면 전환 효과를 넣습니다.
④ 본인의 폴더를 선택한 후, [파일 형식]을 'AVI 파일'로 선택하여 동영상으로 저장합니다.

K마블 소개

아카데미소프트와 코딩아지트의 컴교실 타자 프로그램

[K마블이란?]

[K마블 인트로]

▶ 아직도 막 쳐! 'K마블'이라고 들어봤니?
▶ 키보드타자 + 마우스 + 문제해결능력은 물론 블록코딩과 **학습게임**까지
▶ 타자치는 인공지능 로봇 **키우스봇**과 함께하는 학습게임 타자 프로그램
▶ 모든 연습 내용은 학습에 필요한 단어, 문장으로 구성
▶ **책 한권**구입으로 타자 S/W 무료
▶ 외계로부터 **지구를 지키는 스토리** 구성과 8개의 레벨로 구성
▶ 선생님만을 위한 원격제어 기능

> K마블이 V 1.1로업데이트 되었어요!
> 영어 버전도 준비하고 있어요^^

전체 메뉴

K마블 튜토리얼

마우스&키보드 연습

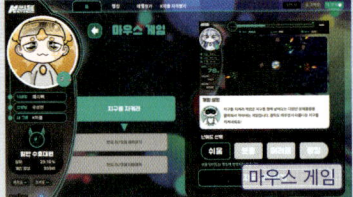
마우스 게임

키보드 게임

온라인 대전

온라인 대기실

레벨 평가

나의 랭킹 / 랭크 및 레벨

▲ 정가(14,000원)

※ K마블 영어 버전은 2025년 상반기에 출시될 예정이에요^^

K마블 활용능력 자격 평가 안내

타자 자격증!!!
K마블 활용 능력

| 시행처 : 국제자격진흥원

[민간자격등록]
K마블 한글타자(2024-001827)
K마블 영문타자(2024-002318)

▶ **자격증 개요**

'K마블 활용 능력' 자격 평가 시험은 컴퓨터 입문자를 위한 기초 자격시험으로 ITQ 및 DIAT 컴퓨터 자격시험 이전에 간단한 타자 능력을 평가하는 자격 평가 시험입니다.

▶ **시험 과목 및 출제 기준**

컴퓨터 기초 이론 + 마우스 + 키보드(타자) + 문제해결능력(블록 코딩)으로 구성

시험과목	시간	문항수	배점	등급	
컴퓨터 기초 이론	10	10	100	A	900점 이상
마우스 사용 능력	10	2	300	B	800점 이상
키보드(타자) 사용 능력	10	2	300	C	700점 이상
문제해결능력	10	2	300	D	600점 이상

▶ **자격증 특징**

✓ **누구나 쉽게 온라인으로 진행**
 - 교육기관에서는 단체 시험을 누구나 쉽게 온라인으로 원서접수 및 자격시험을 볼 수 있습니다.
 - 교육기관은 교육 현장에서 교육 후 바로 시험을 볼 수 있습니다.
 - 개인 응시자도 방문 접수 및 집체 시험 없이 온라인으로 원서접수 및 자격시험을 볼 수 있습니다.

✓ **타자 능력을 평가하는 컴퓨터 기초 시험입니다.**
 - OA 과정 또는 ITQ 및 DIAT 등 컴퓨터 전문 자격증을 취득하기 이전에 필요한 자격 시험입니다.
 - 컴퓨터를 처음 접하는 입문자들에게 컴퓨터 기초지식과 타자 및 마우스 사용 능력을 평가하는 시험입니다.

✓ **학습과 시험이 간단 명료합니다.**
 - K마블과 교재로 학습하고 해당 내용에서 출제하는 간단한 시험입니다.

✓ **모든 시험이 CBT 방식으로 컴퓨터에서 모두 시행됩니다.**
 - 시험의 모든 과목이 컴퓨터에서 진행됩니다.

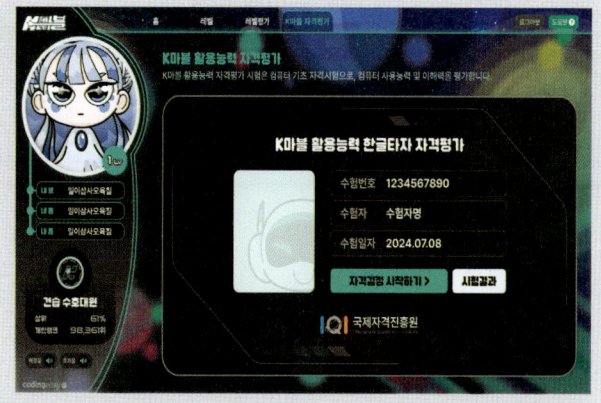

※ **2024년 하반기 첫 시험**이 시행됩니다. (별도 공지)

채점프로그램 MAG 소개

2025년 아카데미소프트와 코딩아지트의 새로운 메타인지 +인공지능 채점 프로그램

AI 채점 프로그램 "MAG"

- ▶ This Is Grading
- ▶ 선생님만을 위한 **네트워크** 채점프로그램으로 전체 학생들 성적을 실시간 확인
- ▶ **메타인지** 통계 및 성적 프로그램으로 부족한 부분과 단점을 완벽히 보완
- ▶ 개인, 반, 그룹, 전국 평균 및 랭킹으로 **성적 비교 분석**
- ▶ **인공지능**으로 채점율 UP
- ▶ 실제 시험장과 유사한 환경으로 모의고사 진행

채점 프로그램! UI 잠깐 훔쳐보기

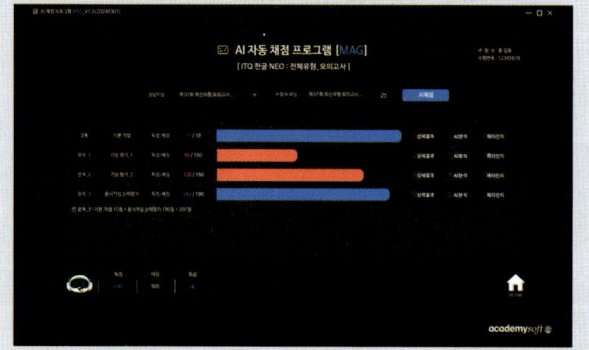

▲ 화이트 모드 사용 　　　　　　　　▲ 다크 모드 사용

- ▶ 베타버전 : 2024년 하반기
- ▶ 정식 Ver 1.0(네트워크) : 2025년 3월 출시
- ▶ 정식 Ver 2.0(메타인지) : 2025년 7월 출시
- ▶ 정식 Ver 3.0(인공지능) : 2025년 9월 출시

채점프로그램 MAG 소개

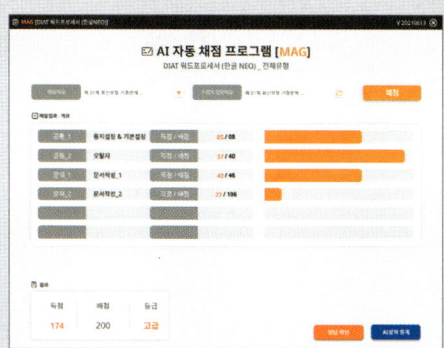
▲ 학생 PC 채점 결과_1(대분류 채점)

▲ 학생 PC 채점 결과_2(중분류 채점)

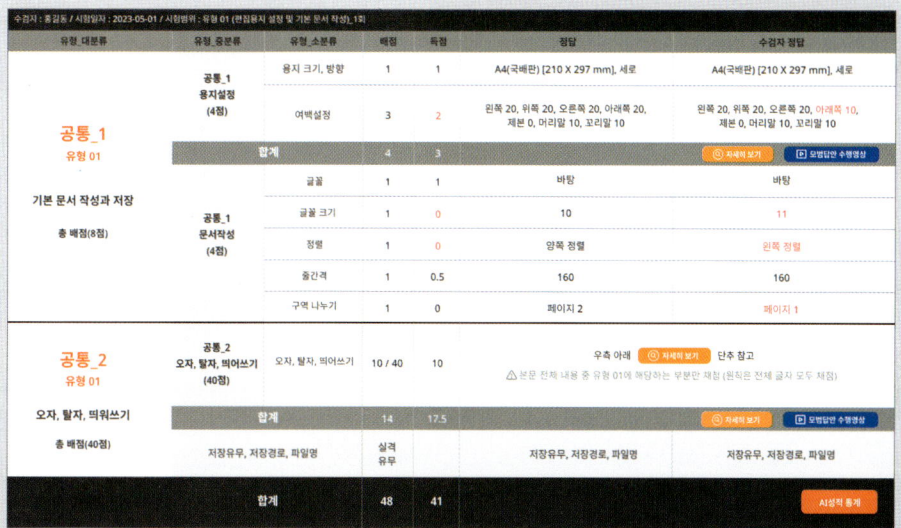
▲ 학생 PC 채점 결과_3(소분류 채점)

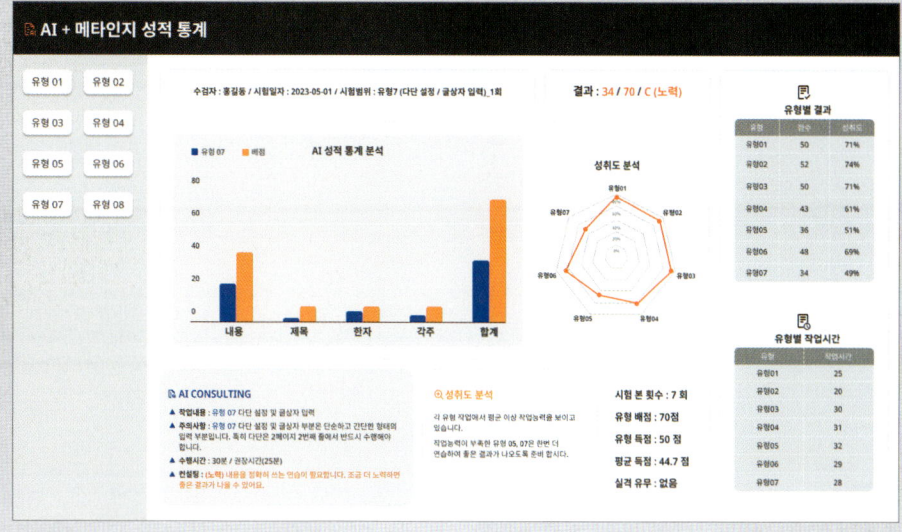
▲ 메타인지와 인공지능을 통한 채점 및 성적 분석